PBLのカリキュラムデザイン

Project

Based

ning

中学生が
主体的に創造する
探究的な
学び

芝浦工業大学附属中学高等学校
Shibaura Institute of Technology Junior and Senior High School

明治図書

序文
教師と生徒がともにつくる挑戦と探究のサイクル

東北学院大学　稲垣　忠

「てんこ盛りが来たなぁ」

芝浦工業大学附属中学高等学校との出会いはそんな第一印象でした。パナソニック教育財団の2020年度特別研究指定校のアドバイザとして最初の顔合わせはコロナ禍の真っ只中、オンラインでした。「生徒の学びの質の向上「STEAM × PBL ×デザイン思考」～探究活動とSDGs、海外教育旅行プログラムとの連動～」とテーマだけで2行に渡る壮大さにたじろぎつつも、アドバイザを引き受けたからには、何を目指しているのか、まず聞いてみました。すると、ITとGCという2つの探究科目を2021年度に立ち上げる、同じタイミングで男女共学化する、とのこと。これだけの大仕事を進められる先生方とはどんな方々なのか。心配と興味とアドバイザとしての責任感が募ります。

当時のメモには「体験したこと、聞きかじったこと、本で学んだことから知恵を出し合っている。これ以外の方法は何かあるのだろうか。生徒にとって何がベストなのか」とあります。関連する書籍などを紹介してほしい、といったリクエストもいただきました。不安に苛まれ、途方に暮れているのではないかと心配していた自分を恥じました。芝浦の先生方は、新しい教育課程の創造に向けて、すでに走り出していたのです。しばらくはリモートでのアドバイスでしたが、そのたびに先生方からは、新たな情報を集め、体験し、プロジェクトのタネを探している様子を聞きました。「教師自ら探究する」姿そのものです。

生徒たちと会うことができたのは２０２２年の5月になってからでした。工業大学の附属校ならではの充実した学習環境は、随所にものづくりの楽しさと奥深さが感じられます。1年生の地域の解剖図鑑をつくるプロジェクト（ｐ・24）では生徒たちと一緒にスカイダックを体験し、7月には探究ＤＡＹで1年生、2年生の発表を見ることができました。新しいアイデアを考えること、それを形にしてみること、そしてだれかに伝えること。芝浦のＰＢＬにはそんな機会があふれています。チャレンジすることを厭わず、こだわりをもって試行錯誤を重ね、理工系の知識を生かして社会課題の解決に取り組む姿の「明るさ」が印象的でした。豊洲で、長野県で、そして海外で、彼らはＧＣで多くの社会課題に向き合う機会がありました。それと同時に、ＩＴでは新たなテクノロジーに出会い、課題解決の方法を学んでいます。見つけた課題が今すぐ解決できないことだったとしても、今自分たちが考えたアイデアを未来のテクノロジーで実現できれば、解決につながるかもしれない（そしてそのつくり手に自分たちがなるかもしれない）。そんな希望が、生徒たちの明るさを支えているのかもしれません。

「探究は生徒が問題を発見することが大事だ」「探究のサイクルを何度も繰り返さなければ深まらない」など、専門書にはいろいろなアドバイスが書かれています。探究を支援する企業や探究のパッケージ教材も散見されます。しかし、芝浦の探究は、どこかの借り物ではなく、先生方自身の探究の成果です。地域の教育資源を掘り起こし、セミナーやワークショップで様々な手法を学び、既存の芝浦の取組みから生かせるものは生かした、自前のカリキュラムです。そんな先生方の「熱量」は、本書からも感じ取れると思います。

とはいえ、どのプロジェクトも大成功だったとは限りません。すべての生徒に届いたとも言い難いでしょう。反省の言葉を聞くこともありました。先生方には「一度つくったらおしまい」ではなく、変わり続けること、ＰＢＬのデザインに関わる先生方を増やしていくことを助言しました。多様な先生方がこだわったそれぞれのＰＢＬが、多様な生徒たちと出会い、新たな学びを生み出すサイクルは、本書で完結することなく、今後もますます発展していくことでしょう。芝浦の先生方と生徒たちのすてきな企みに、遠巻きながら、垣間見る機会をいただいたことに感謝します。またお邪魔します！

目次

4章 PBLのカリキュラムデザインの実際②【中学2年】

5章 PBLのカリキュラムデザインの実際③【中学3年】

1章 本書における PBLとは

斎藤貢市

1　ハイ・テック・ハイ※にあこがれて

※アメリカ・サンディエゴにある公立校（小中高等学校がある）。低所得層が約半数を占める公立校ながら、4年制大学の進学率が州平均の倍に達しており、世界屈指のPBL実践校として教育関係者が多数視察に訪れている。

①新しい教育をディスカッション

新カリキュラム始動の1年2か月前、映画を観る教員研修が行われました。全教員が「Most Likely To Succeed」を観てグループディスカッションを行うものです。座学・宿題・定期考査・教員の役割・評価・カリキュラムなど慣れ親しんだものと新しい教育観を全教員で衝突させた記念の日です。困惑しながらも上気した先生たちの表情と対話を目にしてうれしくなりました。続けて東北学院大学の稲垣忠教授に「HIGH TECH HIGH の実践に学ぶインストラクショナルデザイン」という題目の講演をしていただきました。それまでも「主体的、対話的で深い学び」や「ＩＣＴ教育」の研究と実践はしていましたが、これからどんな化学反応が学校に起こるのか、期待と変化の喜びを感じたときでした。

②プロジェクト型学習（ＰＢＬ）で主体的な学びへ

ＰＢＬとは Project Based Learning の略で、課題解決型の学習を意味します。国語教員の私も、古典の本文を写すところから解説、鑑賞まで進むオーソドックスな学習に少しの工夫をしてきました。工夫とは、古典の学習を「小学6年生に古典の小話のあらすじを伝えよう」などとプロジェクト型に置き換え、発表させることです。暗記を主とする学習から、生徒が主体となって取り組み、その過程に学びの要素を隠していく授業を目指していました。主体的に学び始めると、プロジェクトのゴールを目指すため、生徒が学びの過程（おもしろく単語を伝え、文法を調べて口語訳をつくる）を容易にこなし、一足跳びの学習成果（視覚的でわかりやすいアウトプットと鑑賞）を得ることを私も体験しました。主体的な学びによる生徒の目の輝きと学びのスキル獲得の速さは、すべての教員が様々な教育活動の場で感じてきたものです。ＰＢＬはそれを常に再現するための挑戦です。

③新しいことに挑戦する土台

新型コロナウィルスに起因する在宅での学びにより、本校も教員と生徒のＩＣＴスキルの向上、学びの複線化や多様化などが起きました。新しい技術を次々と身につけ、対面の授業と同じかそれ以上に効果のある教育、相互通行型の授業を生徒個々・クラスに実施する教育、遠隔授業ならではの教育に挑戦し続け、改革への準備が整いました。

2　社会と共に変化する教育

①10年後の社会人へ

本校は卒業生の約9割以上が理系に進学（ある雑誌で日本一と紹介）し、その8割が理工系に進学するエンジニアや研究者の卵を育てる学校です。ここ数年、卒業生や企業の方々と話をしていると、理工系でもイノベーション人材、グローバル人材の育成が急務であると感じます。今までも評価していただいている真面目で粘り強い、技術力をもった芝浦生を進化させ、「今後の学生生活や社会活動で6年間の学んだ手法を応用して、社会課題に挑む」生徒を育てるための学校づくりに取り組みました。その中心が「SHIBAURA探究」です。技術を使いこなす探究ITと世界に目をむける探究GCを誕生させました。

②探究の目標

「理工系の知識で社会課題を解決する」という探究全体の目標は、紆余曲折を経て決定しましたが、今では揺るぎないものです。探究活動では、探究を回していく中で、今後の人生で活用でき、１人でも探究を進められる力の育成を目標としています。大学入試の総合型選抜や各種コンクールも奨励はしますが、それより、課題を見つける目、探究を推し進める多くの手段や方法、多彩なアウトプットを身につけさせることを目指します。また、問題（Problem）解決を目的とするＰＢＬにはしないと意思統一を図りました。

③ SHIBAURA人材バンク

探究は、すべての教科の教員で担当しています。60名程度の教員数の学校で、30名を超える教員が担当しています。質を維持しながら教員みんなで教えることを実現しつつあります。徐々にレベルの上がる探究には、大学の先生や企業の方々の強力なサポートを得ています。「私たち教員は、どこまで生徒をサポートするのか、できるのか」と悩んだ結果、1つの答えとして、探究や進路実現の場面で本校の学びを支えてくれるＯＢ・ＯＧによる「SHIBAURA人材バンク」を立ち上げることとしました。ＯＢ・ＯＧは工学の世界を志す生徒たちの未来の姿であり、目標となります。以前より壁打ちの相手や後述するSHIBAURA探究ＤＡＹでアドバイザーとなってくれていた卒業生たちです。日本中の大学や企業、現場で活躍する逞しい先輩の知識と経験は、私たちの探究の宝です。

3　情報活用型ＰＢＬで教育を改革

①研修で意思統一

ハイ・テック・ハイとの出会いから２か月、「探究する学びをデザインする！」という教員研修を実施しました。情報活用型プロジェクト学習についての講義を稲垣先生にしていただき、ワークを行いました。各教科小グループで高校１年生の単元デザインシートを作成するというものでした。先生たちのもつ課題感と一致し、大いに盛り上がりました。ＩＣＴやルーブリックをはじめとした新しい教育の先取の経験と、コロナ禍の意識が背景にあります。実践者が増えてきたころに研修で学校全体の教育につなげるのが本校の形です。教科、学年、学校行事などへ広がっていく土台づくり研修として成果がありました。

②いざ、探究へ

入試改革、共学１期生、これまで以上に多様性をもった生徒が入学しました。現実社会に即した探究を回す経験を、この生徒たちと共に始めるときが来ました。

2章

実践のための組織づくり

斎藤貢市

1　探究誕生

①SHIBAURA 探究が生まれた場所

私学である本校は、選ばれてはじめて教育をすることができます。２０１７年に東京の板橋区から江東区豊洲に移転しました。高校は女子が入り共学となりましたが、中学は男子校を維持することになりました。２０１８年には、今後の学校の方向性をも左右する新カリキュラムを検討するカリキュラム委員会が立ち上がりました。教頭・教務部長・広報部長・教科代表の９人の委員会で、探究に関する議論も始まりました。

②コース制から生まれた2つの探究

議論の中には、コース制の検討もありました。工業大学の附属校らしくＩＴコースを検討、もう一方は普通コースではなくグローバルコースに。この議論は引き継がれて、中学２年半の SHIBAURA 探究を構成するＩＴ（Information Technology）とＧＣ（Global Communication）になりました。有機的に２つの探究サイクルを回し、時にその一部を形成するスキルを積み上げていくオリジナル探究となりました。そのころ、中学の共学化が決まり、探究、教科、校則、施設と、学校をあげて対応を急ぎました。共学化は大学の女子の割合の増加や理工系社会への女性の参画から求められていたもので、当時リケジョという言葉は本校ではリコジョと言われ、急ごしらえでもしっかりと体制をつくりました。

③探究のサイドストーリー、グローバル探究

2つの探究は中学3年の海外教育旅行まで2年半続きます。海外教育旅行は中学で最も生徒の成長が見られる行事です。9月のはじめから2週間、アメリカ・オーストラリアの4コースから選択する教育旅行です。ホームステイと語学学習、大学見学、学校間交流など盛りだくさんです。その中にもGCの延長のグローバル探究をつくりました。この探究はGCチームと連携して学年団が取り組みます。豊洲、東京、長野、地方、国外へと広げて社会課題を見つける最後のフィールドです。例えば、セントジョージでは「エネルギー資源と再生可能エネルギー」、シアトルでは「グローバル企業とスタートアップ」がテーマです。どのコースも2週間のうち1日半は探究活動を行います。これは後述する中学2年での長野農村合宿と同様、探究と学年の連携です。学校行事の探究化を進めました。

2 探究カリキュラムのつくり方

①２つの探究チームと探究コア会議

カリキュラム委員会から、探究のコアな部分をつくる３人の会議を実施１年半前につくりました。ＩＴ、ＧＣの各担当と教頭の３人です。校訓や教育目標、委員会での議論から探究の目標を設定しました。３年間の流れと、海外教育旅行後の２つのコースの合流である総合探究やその後の高校探究の設計をしていきました。次に、２つの探究ごとに準備チームをつくりました。それぞれ２年半の目標をつくり、翌１年ごとの探究カリキュラムを具体的につくるため、１年前に招集されました。それぞれコア会議の１人を含む３、４人で構成しました。生徒の目が輝き、毎回ワクワクする探究プログラムづくりに入りました。

②SHIBAURA 探究スキル表

探究で何を学ぶかを教員や生徒、保護者にわかりやすく伝えるために、また学びの確認に使えるようにするために、学ぶべきスキル一覧を作成しました。使用する教科書は『学びの技』（玉川大学出版部）です。『学びの技』のスキルと稲垣先生の「情報活用能力体系表」のレベル3（中学校）を参考に、本校オリジナル「探究スキル表」を策定しました。

③教員の半数が関わる探究科と探究担当

スキル表ができたことで、全体や単年度の中でのバランス、2つの探究の棲み分けなどがはっきりしてきました。本校では探究のカリキュラムをつくるコア会議も、2つの探究の中心の教員の打ち合わせも授業コマの換算をしています。2021年に中学1年、2022年に中学1、2年と続き、2023年に中学3学年の授業すべて動き出したところで、ITとGCの中心の2人、情報科と数学科の教員で構成する探究科が創設されました。また、授業は必ず複数の教員でもち、他にサポートとして授業に参加する教員もいます。徐々に探究を知っている教員が増えました。次は、引き継ぎの問題です。教員の授業数は会議が多いので実質減っています。チームで授業をしているので、経験者とはじめての教員が一緒に授業をもちます。ホームページのアーカイブは校内広報として本校教員にも何をしているのかを教えてくれます。職員会議でも授業内容を紹介してもらい、定期的に情報共有をしています。何より、生徒の成果発表会に参加することで意識が変わります。

3　探究世界の広がり

①地域の企業や人との出会いとSHIBAURA探究DAY

ＩＨＩや東京メトロ、日の丸交通をはじめとした湾岸エリアの企業の方々、街歩きで出会った方と共に探究の世界を広げました。７月と２月に実施している探究の発表会では、ステイクホルダー、教育関係者、保護者の皆さんが来校してくださり、生徒や教員にアドバイスをくださいます。社会課題の解決とはいきませんが、生徒が探究を回していれば目標達成です。探究は高校に入って工学探究となり、高校３年のＡＡＴ（工学リテラシー）へとつながっていきます。教員の探究力やワクワクが探究をつくったのです。

②学校の探究化

ＰＢＬ×デザイン思考で教科の探究化が進み、長野農村合宿や海外教育旅行、燕三条や京都でのSHIBAURA探究旅行と行事の探究化も進んできました。スキルで学びをつくる経験から教科連携の授業も増えてきました。学校の探究化は多くの可能性を秘めています。

3章

ＰＢＬのカリキュラムデザインの実際①［中学１年］

探究GC（1学期）

学校のある地域の解剖図鑑をつくろう

金森千春

1　単元の概要とねらい

①単元の概要

1年生の探究GCは、学校のある豊洲・湾岸エリアを探究することから始まります。私立学校であるため遠方から通学している生徒も多く、学校のある地域への愛着が薄いことがこれまでの課題でした。また、2年生で長野県・日本、3年生でアメリカ・世界へと視野を広げていくうえで、起点を「自分が今いる場所」にしました。GCの副題「セカイを発見してミライを創る」PBLを経験する過程で、生徒たちはインプットの調べ学習から探究的な学びへと彼らのセカイを広げていきます。この単元のミッションは「豊洲解剖図鑑をつくろう」、問いを「私たちはどのような場所と時間にいるのか」としています。

豊洲・湾岸エリアを、限られた授業時間の中で視点を変えて捉えることを大切にしています。豊洲の街を、歩いて発見したこと、スカイダックという水陸両用バスに乗って海から見て発見したこと、その両方から考えます。この地区にある企業の協力のもと、ジグソー法のように班で担当を決めて、それぞれの企業のソーシャルグッドな取組みや地域への貢献から湾岸エリアを捉えます。そして、豊洲解剖図鑑としてスライドを作成し、７月探究ＤＡＹで発表します。本単元では、アイスブレイクとして、金沢工業大学 SDGs 推進センターが開発したアクションカードゲームＸ（クロス）を用いて、生徒のコミュニケーションと発散思考を育成します。

②単元のねらい

単元のねらいは３点です。

１　はじめてのＰＢＬを楽しんで経験し、「探究はおもしろい」と感じられること
２　制約の中で探究することにより、思考を深める経験をすること
３　気づきや考えを言語化する機会を増やし、生徒の理解やふり返りを促すこと

2　単元指導計画とルーブリック

ＧＣは、隔週2時間（1時間50分授業）で実施します。下表で色つきの授業は校外での活動のため、1年生の授業は午後に設定します。2021年度の1年生はSDGsを知っている生徒は少数でしたが、2023年度は大半の生徒が知っていて、小学校時代にＩＣＴを活用する発表の経験がありました。対象の生徒に合わせて、SDGsの学習やGoogleスライドの編集や共有の仕方の学習を減らしたりしながら、生徒が豊洲・湾岸エリアについて、深く考える時間を確保できるように設計しています。

回	タイトル	概要
1	探究とは？ＧＣとは？	ＧＣの授業概要をオリエンテーション
2	SDGsってなんだろう？	SDGsを考える
3	豊洲を歩こう！	オリジナル探QMAPを使って街を歩く
4	海から豊洲を見に行こう！	スカイダックに乗船して海から見る
5	発見した「セカイ」	3、4回で見てきたことをまとめる
6	解剖図鑑のつくりかた	Googleスライド共同編集で作成する
7	IHIに行ってみよう！	IHI広報の説明＋i-museの見学
8	湾岸エリアの企業をたずねよう！	湾岸企業の課題や貢献を知る
9	解剖図鑑を自慢しよう！	作成した図鑑を探究DAYで発表する

相互評価ルーブリック

	S（すばらしい）	A（よくできている）	B（あと一歩）	C（改善を要する）
表現（発表）	・スライドを見ずに聴衆とアイコンタクトを取りながら，はきはきと大きな声で発表している ・プレゼンテーションを通じて，自分たちの班の豊洲解剖図鑑を自信を持って積極的に他者に伝えようとする姿勢が見られる	・スライドを確認程度で見てはいるが，はきはきと大きな声で発表している ・プレゼンテーションを通じて，自分たちの班の豊洲解剖図鑑を積極的に他者に伝えようとする姿勢が見られる	・スライドを読み上げているが，大きな声で発表している ・プレゼンテーションを通じて，自分たちの班の豊洲解剖図鑑を他者に伝えようとする姿勢が見られる	・スライドを読み上げるだけで，聞こえづらい話し方で発表している ・プレゼンテーションを通じて，自分たちの班の豊洲解剖図鑑を他者に伝えようとする姿勢が見られない
姿勢（貢献）	・班員全員が等しく分担して豊洲解剖図鑑を作っている（と推測できる） ・班員全員が等しく分担して豊洲解剖図鑑を発表している	・班員全員が分担して豊洲解剖図鑑を作っている（と推測できる） ・班員全員が分担して豊洲解剖図鑑を発表している	・班員全員が等しく分担して豊洲解剖図鑑を作っていない（と推測できる） ・班員全員が等しく分担して豊洲解剖図鑑を発表していない	・班員全員が分担して豊洲解剖図鑑を作っていない，作っていない人がいる（と推測できる） ・班員全員が分担して豊洲解剖図鑑を発表していない発表していない人がいる
思考（内容）	・「歩いてみて」「乗ってみて」「IHI」「湾岸企業」の伝えたいことが明確で，非常にわかりやすい説明である ・班の問いがその班ならではの視点で立てられ，よく調べ，深く追究して，まとめている	・「歩いてみて」「乗ってみて」「IHI」「湾岸企業」の伝えたいことが明確で，わかりやすい説明である ・班の問いがその班ならではの視点で立てられ，調べ，追究して，まとめている	・「歩いてみて」「乗ってみて」「IHI」「湾岸企業」の伝えたいことが存在し，説明しているが，わかりにくい部分がある ・班の問いが立てられ，調べ，追究して，まとめている	・「歩いてみて」「乗ってみて」「IHI」「湾岸企業」の伝えたいことを説明しているが，全体的にわかりにくい ・班の問いが立てられ，調べ，追究して，まとめている
表現（作品）	・TOYOASOBIをとおして得た経験や知識に関係する資料が適切に提示されている ・「わかりやすいスライドの作り方」を参考に，わかりやすい豊洲解剖図鑑になっている ・著作権に抵触する画像の貼り込みがない	・TOYOASOBIをとおして得た経験や知識に関係する資料が過不足なく提示されている ・「わかりやすいスライドの作り方」を参考に，わかりやすい豊洲解剖図鑑になっている ・著作権に抵触する画像の貼り込みがない	・TOYOASOBIをとおして得た経験や知識に関係する資料が提示されている ・「わかりやすいスライドの作り方」を参考に，わかりやすい豊洲解剖図鑑をつくろうとしているがわかりにくい部分がある ・著作権に抵触する画像の貼り込みがある	・TOYOASOBIをとおして得た経験や知識に関係する資料に不足があったり，提示されていない ・豊洲解剖図鑑が全体的にわかりにくい ・著作権に抵触する画像の貼り込みがある

自己評価ルーブリック

	S（すばらしい）	A（よくできている）	B（あと一歩）	C（改善を要する）
表現（発表）	・班のメンバーのアイデアや意見を尊重するとともに，自らのアイデアや意見をしっかり伝え，「話し合いのルール」に基づいて，前向きな議論をリードしている ・積極的に班活動に取り組んでいる ・TOYOASOBIのプログラム全体を通して非常に前向きな姿勢で参加している	・班のメンバーのアイデアや意見を尊重するとともに，自らのアイデアや意見を伝え，「話し合いのルール」に基づいて，前向きな議論をしている ・積極的に班活動に取り組んでいる ・TOYOASOBIのプログラム全体を通して前向きな姿勢で参加している	・班のメンバーのアイデアや意見を尊重するが，自らのアイデアや意見を伝えられていない「話し合いのルール」に基づく前向きな議論をしている ・班活動に取り組んでいる ・TOYOASOBIのプログラム全体を通して前向きな姿勢で参加している	・班のメンバーのアイデアや意見を尊重するが，自らのアイデアや意見を伝えられていない「話し合いのルール」に基づく前向きな議論をしていない ・消極的に班活動に取り組んでいる ・TOYOASOBIのプログラム全体を通して前向きな姿勢が見られない
姿勢（貢献）	・授業で求められていることを超えて，独自に豊洲への関心や知りたいこと，伝えたいことが存在し，それを追究している ・質問や振り返りフォーム，コメントのすべてに，深い理解や独創的で深い思考が示されている	・授業で求められていることを超えて，豊洲への関心や知りたいこと，伝えたいことが存在し，それを追究している ・質問や振り返りフォーム，コメントのいくつかに，深い理解や独創的で深い思考が示されている	・授業で求められていることを超えて，豊洲への関心や知りたいことが存在し，それを示したりしている ・質問や振り返りフォーム，コメントのごくわずかに，深い理解や独創的で深い思考が示されている	・授業で求められていることを超えようとし始め，豊洲の知識を追究することへの関心を示している ・質問や振り返りフォーム，コメントに，あまり深くて独創的な思考が示されていない
思考（内容）	・豊洲について得た経験や知識に関係する資料が豊富に提示されている。他者に伝えたいポイントが明確に示され，独自性のある自らの考えや意見を裏付ける根拠が十分に用いられている ・相手にどう伝わるかを意識して，資料の選び方や見せ方，順番等を工夫している	・豊洲について得た経験や知識に関係する資料が豊富に提示されている。他者に伝えたいポイントが明確に示され，自らの考えや意見を裏付ける根拠が用いられている ・伝えたい内容にあった資料を適切に選んでいる	・豊洲について得た経験や知識に関係する資料が提示されている。他者に伝えたいポイントが示され，自らの考えや意見を述べているが根拠が不十分である ・グラフや写真をいれているが，伝えたい内容とズレがあったり冗長である	・豊洲について得た経験や知識に関係する資料が乏しい。他者に伝えたいポイントが不明瞭で，自らの考えや意見が十分に述べられていない ・グラフや写真などの資料を使っていない
表現（作品）	・聴衆全体に注意をはらって直接アイコンタクトを取っており，めったにノートやスライドを見ない ・プレゼンテーションを通じて豊洲解剖図鑑を自信を持って，積極的に他者に伝えようとしている	・一貫して聴衆と直接アイコンタクトを取っているが，ノートやスライドを見ることがある ・プレゼンテーションを通じて豊洲解剖図鑑を積極的に他者に伝えようとしている	・聴衆と最低限のアイコンタクトを行っているが，ほとんどノートやスライドを読み上げている ・プレゼンテーションを通じて豊洲解剖図鑑を他者に伝えようとしている	・聴衆とアイコンタクトをまったくとらず，ずっとノートやスライドを読み上げている ・プレゼンテーションを通じて豊洲解剖図鑑を他者に伝えるように発表していない

3　学習の実際

①第3回「豊洲を歩こう！」

このプログラムのために、「TOYOASOBI 探ＱＭＡＰ」を作成しました。生徒は、教員が作成したGoogle Earth プロジェクトを事前に視聴し、班ごとに探ＱＭＡＰを片手に豊洲の街を歩きます。

このＭＡＰの作成には、ＧＣが生徒にも教員にもワクワクするものであることを印象づけ、ＧＣのオープニングに相応しいものであることを裏づけるエピソードがあります。

探究が始まる前年の２０２０年、東京はコロナ禍で学校も軒並み休校・オンライン授業、オリンピックの延期と閉塞感に包まれていました。東京メトロのスポットツアー（デジタル観光ツアーアプリ）で豊洲駅があるのを教員が見つけ、東京メトロにスポットツアーはいつまで使えるのか、学校の授業で使ってみたいと問い合わせました。そうしたところ、スポットツアーの作成者とつないでいただき、実際に教員がその方から豊洲の街について自転車に乗って見学しながらレクチャーを受けることができました。

私たちは２０１７年に校舎ごと豊洲に移転してきたばかりで、街のことをよく知りませんでした。スポットツアー作成者からの説明は、教員をワクワクさせました。教員は「これぞ探究の幕開けに相応しい」と感じ、そこから、昭和のエネルギー基地であった豊洲の今昔を体感できる探ＱＭＡＰの作成に着手しました。

さらに幸運なことに、その方の本職がデザイナーで、探ＱＭＡＰのデザインを依頼できました。そのデザインと、工業大学附属校としてのこだわりであるミウラ折りで印刷された探ＱＭＡＰが完成しました。

実際の授業は、１クラス約40名に教員３名が配置されます。クラスで10個の探究班を出席番号に基づいて作成し、単元の間は同じ班で活動します。

本時では、生徒が自分たちで探究しながら歩くことを大切にしているので、10個の班を4グループに分けて出発させます。教員1名が先頭グループに、1名が最後尾のグループについて歩き、1名が自転車で全体を巡回する役割を担います。生徒の足で歩いて、100分ぐらいの街歩きになります。

この授業から得たことは、実際に生徒が歩いて発見することの魅力と、教員が販売されている探究プログラムを購入して使用するのではなく、教員自ら外部と繋がって探究授業を設計することのおもしろさです。

余談ですが、海から豊洲を見るスカイダックの授業も、スカイダックを運行する日の丸自動車興業と打ち合わせを重ね、本校オリジナルの運行コースとアナウンスで乗船しています。それもまた、教員の探究心と生徒のワクワク感をくすぐります。

②第7回「IHIに行ってみよう！」
第8回「湾岸エリアの企業をたずねよう！」

このプログラムも、教員が依頼をして実現しました。GCでは教員も探究する存在として、教員もワクワクするものを選定します。もちろん、行ってみて、体験してみて、つまらなかったら、別なものを探します。そのような過程を経て、ＧＣはつくられています。

豊洲に本社のある企業としてＩＨＩがあります。ＩＨＩは、ペリー来航の年に幕府の命によってつくられた石川島造船所をルーツとする企業で、「資源・エネルギー・環境」「社会基盤」「産業システム・汎用機械」「航空・宇宙・防衛」の４分野で事業を展開しています。工業大学附属校として相応しい企業です。

２０２１年はコロナ禍でＩＨＩの取り組む事業についてオンラインで説明を受けました。２０２２年は i-muse（IHI HISTORY MUSEUM）の見学、２０２３年は i-muse の見学と対面での説明を設定しました。

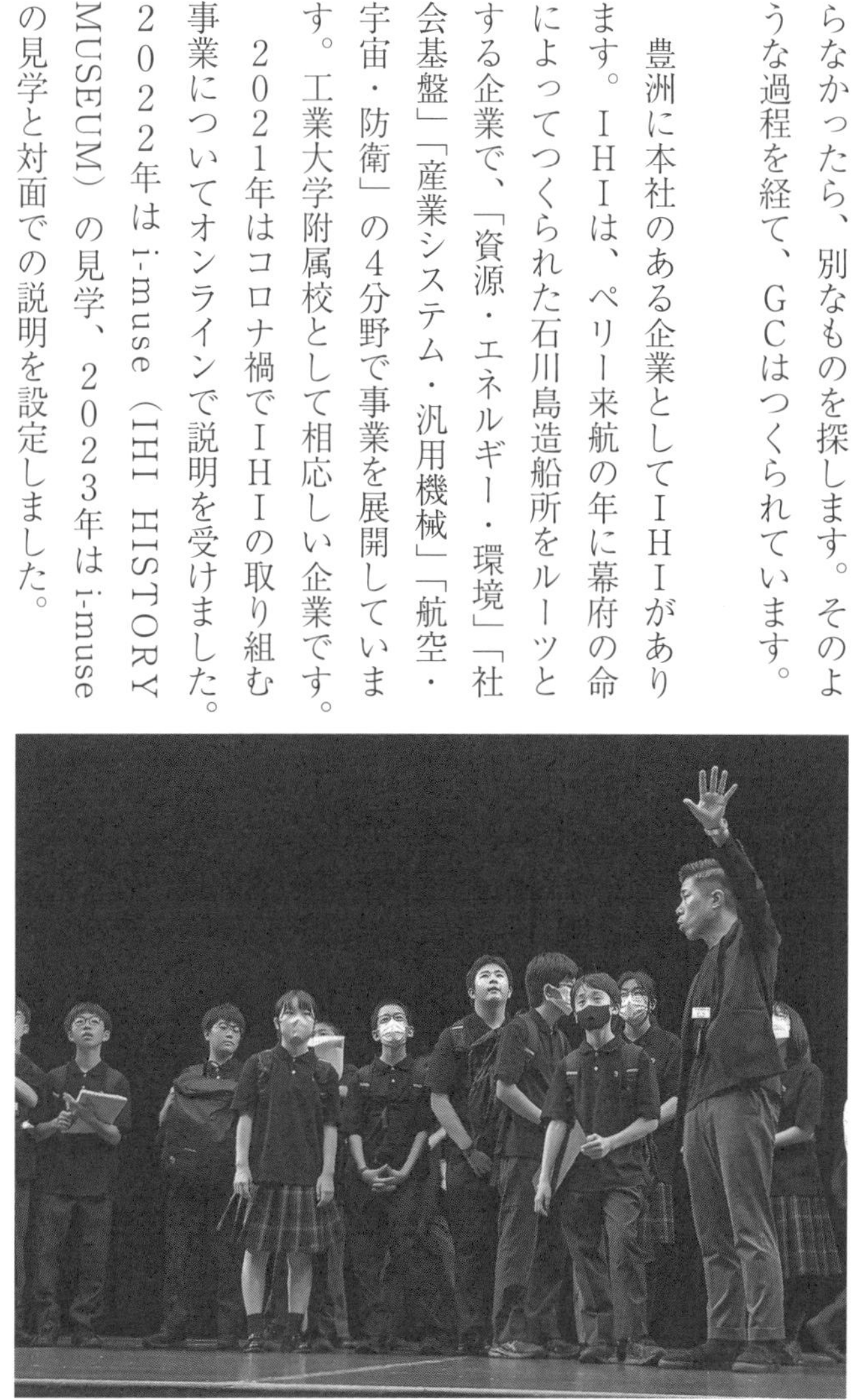

やはり、事業について説明を聞くだけやi-museを見学するだけではなく、事業や企業理念について説明を受けて理解したうえで実際に見学できると、生徒の学びが深まると感じます。教員が企業に協力を依頼してプログラム設計することは、負担は少なくないですが、生徒の学びにふさわしい活動、学校のニーズを実現するには必要です。

さて、説明を受けた生徒は、第3回街歩きで歩いたアーバンドックで2000年まで造船が行われていたことに驚いていました。

生徒の感想を引用します。

・ロケットや飛行機、船など、それぞれが小さなたくさんの部品からできていて、熱に耐えられるように、振動に耐えられるようにと、本当に細かいところまで計算しつくされた部品から成り立っているのだと、改めて理解できた。

・IHIは僕の思っていた5倍すごい会社でした。明石海峡大橋やロケットのターボポンプ、ハヤブサの再突入カプセル、あと飛行機のエンジンなど、幅広い分野で活躍していることを知りました。

続く湾岸エリアの企業は、教員が端から電話をかけ、メールを送って協力を取りつけます。断られた企業もたくさんあります。班員４名のジグソー法のために、４企業を確保します。２０２３年度は、マルハニチロ（株）、住友ゴム工業（株）、東京電力パワーグリッド（株）新豊洲変電所、住友不動産・有明ガーデンのご協力で実施しました。生徒は、班ごとにだれがどの企業を担当するかを決め、放課後の時間を活用し、教員の引率で訪問しました。もちろん、このような活動をするには、学年や部活動の協力も必須で、生徒の学びのために放課後のフィールドワークを認めてもらうよう依頼しました。

　生徒は、各企業の事業内容、ソーシャルグッドな活動、ＣＳＲ活動、ミライのビジョンなどを伺うことができ、豊洲・湾岸エリアにある企業のすごさを体感し、学び深めることができました。

探究ＩＴ（1学期）

デザイン思考で魔法の秘密道具を提案しよう

岩田　亮

1　単元の概要とねらい

①単元の概要

探究ＩＴの教育目標は「だれかのための『新しい』を創る能力を養う」です。「生徒が自立・自走するために大切なコアとなることは何か。それは楽しさの中にヒントがあるのでは」という仮説のもと「ワクワクのトリガー」をＩＴの授業ではたくさん用意しました。

1年生のテーマは「遊びの中で想像する」です。ＩＴの特徴でもありますが、随所にデザイン思考を取り入れたＰＢＬを実践します。1、2年生は、1年間の集大成として3学期に企業との産学連携によるＰＢＬが待っています。社会との接点をもたせることで、生徒は親や教員以外の大人と交流をもちます。この経験は本当の意味での成長を促します。特に3学期の企業とのタイアップププログラムでは、大人でも解決が難しい課題に対して、企業の方が「社に持ち帰って検討したくなる案」を出すことができるか否かを教員と生徒の共通の目標に掲げています。そのためには、生徒一人ひとりが、夢中になれる要素を組み込み、ワクワクするしかけを考え、楽しさを感じてほしいと思っています。

入学後すぐの4月の授業は、2021年に探究がスタートして以来、3年間変わらず映画『アポロ13号』の鑑賞から始めます。これから過ごす3年間の要素がすべて詰まったこの映画を通して学ぶポイントは「プロジェクトで大切なこととは?」「危機管理とリーダーシップとは?」「チームワークとコミュニケーションとは?」「問題解決と創造性とは?」の4つです。「今までは小学生だった、これからは芝浦生なんだ」というマインドセットの意味合いも含まれています。鑑賞後にフィードバックシートとルーブリックで記憶の定着を図ります。ITの授業はここから始まります。

第2回の授業は「デザイン思考の基本」。この講師は専門家にお願いしました。我々教員がメンターに徹することで、生徒の積極性や主体性を促し、あと一歩で出てくるアイデアの思考過程に黙って寄り添い、ようやく出てきたアイデアを肯定することで、アイデアの量はみるみる増えていきます。

この授業の魅力的なところは、宇宙空間にある人工衛星を使うことで、生徒自らが身近な人の悩みを解決するアイデアを創出することに触れることです。宇宙空間から地球を俯瞰し、想像を超えた距離感の中で考えることで、独創的なアイデアに拡がりが生まれます。だれもが同じ条件下の中、はずかしがることなくアイデアをどんどん外に発散し始めます。さらにカテゴライズしながらぐんぐん収束、最後は1つのアイデアとしてまとめることがゴールです。正解はありません。このプロセスを個人↓ペア↓班と時間を区切って段階的に実践していく中で、最適な答えを導くことよりも、答えを考えるプロセスを学ぶことを目的にしました。

徹底的に基本を磨いた次回の授業は、いよいよ実践です。中学生は本当の意味での成長過程にあります。生徒の興味を狭めないためにも、ヒト・モノ・カネといったリアルな制限の中だけで考えるのではなく、13歳の生徒の想像力を拡張するために、ある有名なアニメキャラクターを用いて、ＰＢＬの中でデザイン思考を試しながら魔法の秘密道具を提案し、クラスみんなの前で発表します。結果、よくも悪くもあきらめが悪い、そんな生徒がたくさん出てくれることを期待しています。あきらめが悪い子ほど成長するものです。

②単元のねらい

単元のねらいは3点です。

1　映画『アポロ13号』の鑑賞を通して、理工系やテクノロジーの世界観に触れ、プロジェクトの大切さを探ること
2　デザイン思考の基本を専門家に学び、答えを考えるプロセスを学ぶこと
3　デザイン思考を活用して、誰かのための魔法の秘密道具を提案すること

2　単元指導計画とルーブリック

工学の楽しさは、つくりたいものがつくれるスキルを身につけることです。時間を忘れて夢中になれる要素をもたせることで、学習の質はますます高まります。一方で、アイデアを創出する過程では、一歩進むごとに壁にぶつかります。最初は個人で考え、その考えを班で補完し合いながらブラッシュアップしていきます。努力してきた分だけ、アイデアを1つにまとめる難しさを実感します。大事なことは、班員全員が納得すること。みんな

で考えたプランを自信を持って堂々とプレゼンしている姿は、他者に響き、いつしか周囲を巻き込んでいきます。

根拠がない迷信を覆すために研究があるように、仮説を立て、それを実験してはじめて真実がわかる、そんなカリキュラム・デザインを意識しました。目標のある子どもは強いものです。例えば、スポーツの世界では、楽しんでいるからよいプレーが出ます。よいプレーが出るから楽しんでいるわけでありません。結果を出すために何ができるか実験してみる。成功も失敗も成果であり、挑戦し続ける余白を残してあげることで、自分で考えることを学び、何よりも楽しめる人を育てることができれば、とどまることなく生徒は成長していきます。

例えば今、企業とりわけメーカー系は、2025年問題が深刻化し、圧倒的な人手不足という難題をどう切り抜けるか、その解決案として省人化技術の研究開発が急ピッチで進んでいます。難題の前では「できる」という立場で考えることが発想の原動力と

回	タイトル	概要
1、2	映画『アポロ13』鑑賞	プロジェクトの大切さを知る
3、4	デザイン思考の基礎	アイデア創出のプロセスを学ぶ
5、6	デザイン思考の活用	ドラえもんの秘密道具を考える
7、8	プレゼンテーション技法	他者を意識したプレゼンを学ぶ
9、10	iPadでCMをつくろう	動画での表現方法を学ぶ

授業は隔週2コマ（1コマ50分）続きで実施しています

なります。不可能を可能にする、非常識を常識に変える。そんなイノベーティブな人材になるためには、ＰＢＬのためのデザイン思考プロセスを身につけ、同時にＩＴ・デジタルツールを使いこなせるスキルの獲得が必要です。ＩＴツールに関しては1年生2学期で触れますが、将来、生徒が個性と強みであるアイデンティティを備え、難題に立ち向かい、実現できる方法を考え抜いて道を開く、そんな生徒を育てるためのはじめの第一歩を、この1学期のＩＴにたくさん詰めました。

これからの社会は、ダイバーシティがますます重要視され、自分たちだけではなく、自分たちと異なる人々への想像力が重要になります。この力を養うためには、多感な10代のうちに多様な人、場、モノに触れることで、自分自身を相対化し、頭を柔軟にしておくことが必要です。

ＩＴは「アイデアをカタチにする方法」をはじめ「発想を現実にしていく」プロセスを体験的に学習していきます。この原動力に「ワクワク感」は欠かせない大切な要素の1つです。生徒は一度楽しいと感じたら、自走し始めます。一人ひとり性格や個性が異なるように、ワクワクのトリガーもまた違います。だからこそ、たくさん触れて遊びます。

第1、2回　映画「アポロ13」鑑賞

	A（よくできている）	B（できた）	C（あと一歩）
プロジェクトの大切さ	3つ以上書くことができた	1つ以上書くことができた	書けなかった
危機管理とリーダーシップ	チームは危機に直面した際、的確な判断とリーダーシップを発揮したリーダーは冷静に状況を分析し、適切な対応策を講じた、と感じた	チームは危機に対して対応したが、判断が迷ったり、連携が不十分だった、と感じた	チームは危機に対して何も対応しなかった、と感じた
チームワークとコミュニケーション	チームは協力し、情報共有とコミュニケーションが円滑だった、と感じた	チームは一部協力し、コミュニケーションに課題があった、と感じた	チームは全く協力せず、コミュニケーションが取れなかった、と感じた
問題解決と創造性	チームは創造的な方法で問題を解決し、限られたリソースを最大限に活用した、と感じた	チームは問題解決に取り組んだが、効果的な方法が不足していた、と感じた	チームは問題解決に全く取り組まなかった、と感じた

第3、4回　デザイン思考の基礎

	A（よくできている）	B（できた）	C（あと一歩）
家族を喜ばせる料理	家族全員が喜ぶ料理を提案できた	家族の誰かが喜ぶ料理を提案できた	料理を考えることができた
8つの職業	それぞれの職業に対して困っていることを4つ以上書けた	それぞれの職業に対して困っていることを2つ以上書けた	それぞれの職業に対して困っていることを書けた
人工衛星	人工衛星を使った解決策を提案できた	人工遠征を使った解決策を考えることができた	問題解決の方法を考えた

第5、6回　デザイン思考の活用

	A（よくできている）	B（できた）	C（あと一歩）
アイデアシート（絵）	自分のアイデアを3つ以上描くことができた	自分のアイデアを1～2つ描くことができた	自分のアイデアを描けなかったが考えることができた
アイデアシート（道具の説明）	どんな道具、誰のため、どんないいことの全てを書くことができた	どんな道具、誰のため、どんないいことのどれか一つでも書くことができた	どんな道具、誰のため、どんないいことは書けなかった
アイデアの共有	自分のアイデアの発表説明に十分満足がいき、他者のアイデアもしっかりと聞けた	自分のアイデアの発表説明は十分ではないが、他者のアイデアをしっかりと聞けた	自分のアイデアを他者に発表説明することができなかった

第7、8回　プレゼンテーション

	A（よくできている）	B（できた）	C（あと一歩）
到達度（知識・技能）	テキストや動画を参考にし、見やすいスライドをルールを守って完成させ、＋αの課題に取り組むことができた	テキストや動画を参考にし、見やすいスライドをルールを守って完成させることができた	テキストや動画を参考にし、自分ができる範囲で見やすいスライドを作ることができた
スライドの型（知識・技能）	スライドの型を参考に、ルールを理解した上で、ショートカットキーを使えるようになった	スライドの型を参考に、一通りルールを理解できた	スライドの型を参考に、自分のできる範囲でルールを理解した
授業に対する姿勢（主体性）	テキストなどを参考にしながら課題の制作をし、これまでの自分が作ってきた課題にフィードバックし、今後の発表の参考にしようと思った	わからない点などは動画やテキストを何度も見ながら、自力で課題に取り組むことができた	一部わからない点などあったが、他の人のチカラを借りて課題に取り組んだ

第9、10回　iPadでCMをつくろう

	A（よくできている）	B（できた）	C（あと一歩）
ブレストに基づくアイデアの発散	テーマに合った画像／動画をペアで30枚以上撮影することができた	テーマに合った画像／動画をペアで10枚程度撮影することができた	テーマに合った画像／動画をペアで1～9枚程度撮影することができた
AirDropの活用	ペアでAirDropで画像／動画の共有ができた	教えてもらいながらAirDropで画像／動画の共有ができた	AirDropは使えなかった
iMovieの活用	iMovieでテーマに即していて、時間内（30秒）の作品動画を制作することができた	iMovieでテーマに合った作品動画を制作することができたが、30秒を超えてしまった	iMovieで作品動画は制作したが、テーマや時間（30秒）に合わせることができなかった
編集・機能の駆使	iMovieの編集機能を5種類以上使い、満足のいく制作ができた	iMovieの編集機能を3～4種類使い、満足のいく制作ができた	iMovieの編集機能を0～2種類使い、満足のいく制作ができた

3 学習の実際

①第3、4回「デザイン思考の基礎」

デザイン思考の専門家を招き、人工衛星の種類、このデータは日常どのようなところで役立っているのかを学び、アイデアの収束と発散など、個人ベースで考え、ペアで共有し、班で１つの意見としてまとめるというプロセスを楽しみながら体験的に学習します。本授業の最終的な課題は「人工衛星で身近な人の身近な問題を解決しよう」です。

生徒は「多種多様な人工衛星（役割・機能）から１つ選び」→「だれのための何の課題にそのデータを利用するのかターゲットを決め」→「どんなテクノロジーと組み合わせるのかアイデアを練り」→「さらにブラッシュ

アップした形と機能を盛り込み」↓「期待される効果を考え」ます。まさにモノ・コトづくりを重視したSHIBAURA型デザイン思考のこの考え方は「理解↓問題定義↓発見↓プロトタイプ↓メタ化」という一連のフローの中で、実学を基礎とし、本当にユーザーが欲しているモノを創り出すチカラを養うために「人の役に立つものづくり」の思考プロセスを育てていく基礎を固めます。

②第5、6回「デザイン思考の活用」

授業のタイトルは「ドラえもんになってもらいます」。だれにも馴染みのあるアニメ『ドラえもん』は1年生には馴染みがあり、和気あいあいの雰囲気の中、授業冒頭は映画『ドラえもんのび太の宇宙小戦争２０２１』予告編を視聴します。ス

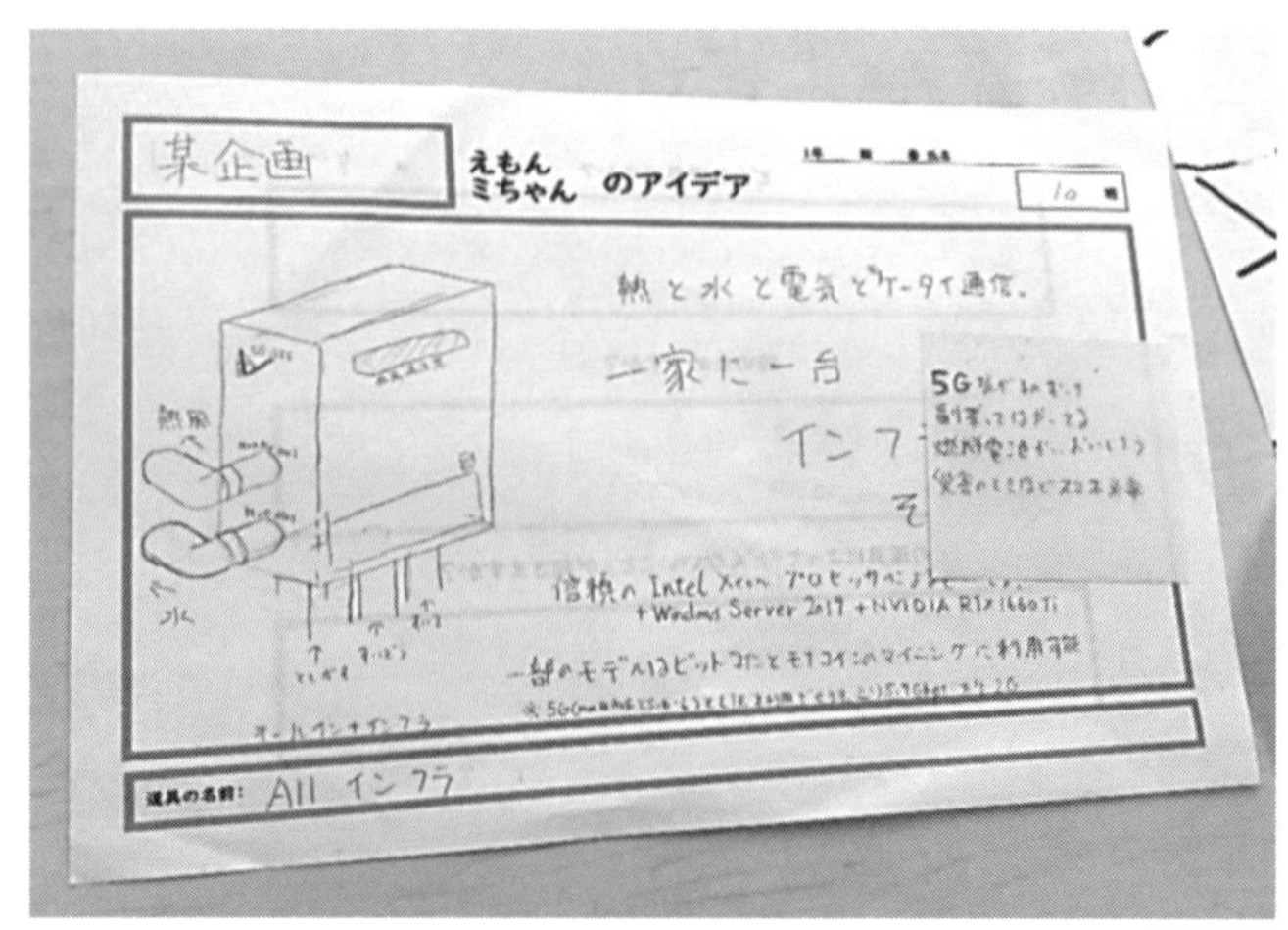

ネ夫の家で拾った小さなロケットをのび太が家に持ち帰ると、中から現れたのは地球人よりも小さな宇宙人、パピ。のび太がパピに「なぜそんなに小さいの？」と言うと、パピものび太に「なぜそんなに大きいの？」と言います。あるとき、ドラえもんはのび太たちに向けてスモールライトを当てます。

ここを共有したら生徒にアイデアシートを配付します。ルールは「ドラえもんの道具はダメ」「自分で新しくつくる」「絵で表す」「説明は最小限」「道具のネーミングも考える」の5つです。裏面には「どんな道具か」（機能・利点）、「だれのためか」（ユーザー視点・ターゲット）、「この道具によってどんないいことが起きるか」（メリット）を書きます。この授業のポイントは、「個人でアイデアを考えて相手に伝わるために絵で表現する」「個人でアイデアを5つ以上出す」「班で1つのアイデアにまとめて発表する」の3つです。

授業後半は、班で探究シート（商品名）に大きく絵をかき、説明を添え、最後に皆の前で発表する経験をはじめてします。個人的に特に印象に残っているアイデアがあります。名前は「タイム切り取りルーラー」。心に傷を負った人のために嫌な記憶を切り取ってあげることのできる道具です。ユーモアがあり、優しい心づかいが垣間見えました。この授業では、ドラえもんの視点よりも、むしろのび太の発想力を重視しています。

探究ＧＣ（２学期）

伝統工芸品のミライを考えよう

金井佑樹

１　単元の概要とねらい

①単元の概要

１年生２学期の探究ＧＣは、１学期の豊洲・沿岸エリアを探究するという枠組みからさらに視点を広げ、東京という枠組みで考えます。そこで注目するのは、東京都で体験できる伝統工芸品です。単元のタイトルは「EDOMONO（エドモノ）」。江戸時代から続く東京都の伝統工芸品を知り、その伝統工芸品を取り巻く現代の状況や、そこに関わる方がどのような想いをもって伝統工芸品と関わっているのかを調べたり、講演を聞いたり、体験したりしながら学んでいきます。

夏休みに、生徒は自分で希望した伝統工芸品の制作体験をするため、自分たちで予約を取って工房に行きます。その体験を出発点として、2学期は「伝統的なものづくりの文化・技術を継承するには中高生に何ができるのか」という視点で伝統工芸品のミライを考えていきます。工房で出会った伝統工芸品に関わる方との交流を通して感じたこと、東京都産業労働局の講演で知った東京都の取組みなどを基に自分たちに何ができるのかを考え、それを伝える動画を作成します。そして、2月探究ＤＡＹで発表します。この単元ではアイスブレイクとして、問いづくりのワークを行います。この問いづくりのワークを通して閉じた問いや開いた問いなど探究学習で大切になる問いの立て方の基礎基本を学びます。

②単元のねらい

単元のねらいは3点です。

1　体験を大切にして、自分たちの生活の中で活きた学びにすること
2　自分と他者の考えや感じ方の違いを踏まえて、伝統工芸品のミライを考えること
3　視聴者を意識して動画を撮影、編集し、自分たちのアイデアを伝えること

2　単元指導計画とルーブリック

この単元は、夏休みに伝統工芸品の制作体験をすることから始まります。その体験で自分の感じたこと、体験先で教えてもらったことに、今度は行政が現在どのように取り組んでいるのかという、広める立場の新しい視点を加えます。その様々な立場の考え方から伝統工芸品のミライを考えるアイデアを考え、それを班やクラスで共有し、さらに磨きをかけます。そして、「中高生にできること」という観点を基にして、そのアイデアを伝えることができる動画を作成します。動画作成では、「見る人に何をどのように伝えるのか」と、ターゲットやテーマを明確にしてつくっていきます。

回	タイトル	概要
1	東京都の取組みを聞こう！	東京都産業労働局の方の話を聞く
2	自分の体験と学んだことを比較検討しよう！	講演を聞いて感じたことを班とクラスで共有する
3	改めて伝統工芸品を知ろう！	再度伝統工芸品の概要を確認する
4	友達の体験を共有しよう！	友達の伝統工芸品の体験を共有する
5	今までの内容から課題を考えよう！	今まで学び、体験した知識を基に伝統工芸品が抱える課題を考える
6	課題を解決するためのアイデアを考えよう！	その問題を解決するためのアイデアを中高生にもできるという視点で考える
7	他の人のアイデアと比較しよう！	他の班のアイデアを壁打ちを通して知る
8	動画作成のためのアイデアを出そう！	イラスト・絵コンテ・アイデア出しを行う
9	動画作成1	動画作成を行う
10	動画作成2	動画作成をし、探究 DAY のために完成させる

自己評価ルーブリック

	S	A	B	C
姿勢_貢献	授業内に限らず班員とコミュニケーションをとり、仕事を分担して課題解決に向けて協力する	授業内に限らず、班員とコミュニケーションをとり、議論を通してアイデアを発展させている	授業内において、班員の意見を尊重しつつ、自らのアイデアを言語化して伝える	授業内において、班員の意見を尊重して聴く
姿勢_情報収集	授業や体験で得た知識に加えて、多様なツールを使用して自ら主体的に情報収集をしている	授業や体験で得た情報に加えて、自ら主体的に情報収集をしている	授業や体験において、積極的に情報収集をしている	授業や体験において、情報収集をしている
思考_内容	課題に向き合い、主体的に得た知識を活用して、独自性のあるミライへつなぐアイデアを考える	課題に向き合い、独自性のあるミライへつなぐアイデアを考える	課題を発見し、ミライへつなぐアイデアを考える	課題を発見する
表現_作品	視聴者にどう伝わるかを意識して、写真や資料の見せ方、動画のコマ割りなどを工夫した動画を作成する	視聴者に伝えたい内容にあわせて、写真や資料の見せ方、動画のコマ割りを工夫した動画を作成する	作成要件を満たした動画を作成する	期限以内に動画を作成する

相互評価ルーブリック

	S	A	B	C
表現_発表	・動画の概要説明を聴衆にアイコンタクトを取りながら、メモも見ずにはきはきと大きな声で発表している ・動画を通じて、自分たちの班のミライへつなぐアイディアを自信を持って積極的に他者に伝えようとする姿勢が見られる	・動画の概要説明を、メモを確認程度に見ながら、はきはきと大きな声で発表している ・動画を通じて、自分たちの班のミライへつなぐアイディアを積極的に他者に伝えようとする姿勢が見られる	・動画の概要説明をメモを読み上げているが、大きな声で発表している ・動画を通じて、自分たちの班のミライへつなぐアイディアを他者に伝えようとする姿勢が見られる	・動画の概要説明をメモを読み上げるだけで、聞こえづらい話し方で発表している ・動画を通じて、自分たちの班のミライへつなぐアイディアを他者に伝えようとする姿勢が見られない
姿勢_貢献	・班員全員が等しく分担して動画を作っている（と推測できる）	・班員全員が分担して動画を作っている（と推測できる）	・班員全員が等しく分担して動画を作っていない（と推測できる）	・班員全員が分担して動画を作っていない、作っていない人がいる（と推測できる）
思考_内容	・「アイディア」「動画のターゲット」が明確であり、非常にわかりやすい説明である ・中高生にも実現が可能なアイディアである ・班の問いがその班ならではの視点で立てられ、よく調べ、深く追究して、まとめている	・「アイディア」と「動画のターゲット」が明確であり、わかりやすい説明である ・中高生にも実現が可能なアイディアだと推測できる ・班の問いがその班ならではの視点で立てられ、調べ、追究して、まとめている	・「アイディア」と「動画のターゲット」は伝わるが、説明がわかりにくい部分がある ・中高生にも実現が可能なアイディアかどうかが判別しにくい ・班の問いが立てられ、調べ、追究して、まとめている	・「アイディア」と「動画のターゲット」が不明瞭で、説明が全体的にわかりにくい ・班の問いが立てられ、調べているが、追究が浅く、まとめられていない
表現_作品	・EDOMONO をとおして得た経験や知識に関係する内容が適切に反映されている ・カメラワーク・BGM・構成などを工夫して、わかりやすい動画になっている	・EDOMONO をとおして得た経験や知識に関係する内容が過不足なく反映されている ・カメラワーク・BGM・構成などを工夫している動画になっている	・EDOMONO をとおして得た経験や知識に関係する内容が反映されている ・カメラワーク・BGM・構成などを工夫して動画を作成しているが、わかりにくい部分がある	・EDOMONO をとおして得た経験や知識に関係する内容に不足があったり、反映されていない ・カメラワーク・BGM・構成などが単調で、全体的にわかりにくい

3　学習の実際

①第1回「東京都の取組みを聞こう！」
第2回「自分の体験と学んだことを比較検討しよう！」

第1回では行政の視点で講演をしてもらい、様々な立場の視点で考えることを大切にしています。自分たちで体験し感じたことが1つ目の視点、工房で体験を提供している職人の方から教わることが2つ目の視点、行政として東京都が伝統工芸品に対してどのような取組みをしているのかが3つ目の視点です。このように、様々な視点から学んだ情報をベースにして探究をスタートさせます。

講演は、東京都産業労働局商工部の方のご協力で実現しました。まず、このプログラムを設計するにあたり、東京都が伝統工芸品の継承や支援についてどのように取り組んでいるのかを教員が調べる過程で、産業労働局商工部という部署が担当をしていることを知りました。1学期のTOYOASOBIと同じような経緯をたどりますが、まずは教員が話を聞いてみようと直接電話をかけました。学校としてどのような目的でこのプログラムをやっているのか、どのような観点で講演をしてほしいのかということを企画書として提出し、EDOMONOの実施意図を理解していただくことができました。担当者とメールでやりとりをしながら、講演準備を進めていきます。東京都では伝統工芸品を42品目指定していて、TRADITIONAL CRAFTS OF TOKYOと題してパンフレットにしています。そのパンフレットも生徒数分提供いただきました。パンフレットに触れることで、生徒は自分が体験した伝統工芸品以外に、東京都にはどんな伝統工芸品があるのかを知ることができました。

当日の講演は、工芸品が東京都の伝統工芸品に指定されるまでの流れ、東京都の伝統工芸品の特徴、伝統工芸品の使用シーン、伝統工芸品の現状・課題、行政が伝統工芸品を支援する理由などをまとめていただきました。生徒はこの講演を聞き、なぜ伝統工芸品を受け継ぎ、守るのかということを行政の視点で知ることができました。最後の質疑応答の時間でも、生徒から直接質問をすることができ、生徒の興味関心の広がりがわかりました。

第2回では第1回を踏まえて、生徒は自分たちで気づいたことをまとめ、班で意見交換を行いました。伝統工芸品について、もっと知りたいことを考えました。最後には班ごとに発表し、他の班がどのようなことに関心をもっているのかをクラス全員で共有しました。

EDOMONOでは、活動班は4～5人で設定します。夏休みに体験した伝統工芸品の班で活動をします。

②第6回「課題を解決するためのアイデアを考えよう！」
第8回「動画作成のためのアイデアを出そう！」

第6回では、いよいよこのプログラムの根幹になる課題を解決するためのアイデアを考えていくことになります。プログラムを通しての全体のミッションは「江戸の伝統工芸品のミライを考える！」そして、「伝統的なものづくりの文化・技術を継承するには中高生に何ができるのか？」という問いを踏まえてアイデアを考えます。

ここで大切になるのは、課題を発見すること、そして、その課題を解決するためには何が必要なのかということを班員で考えることです。いきなり生徒に今までの学びだけで課題を考えてもらおうとしてもなかなか難しいので、思

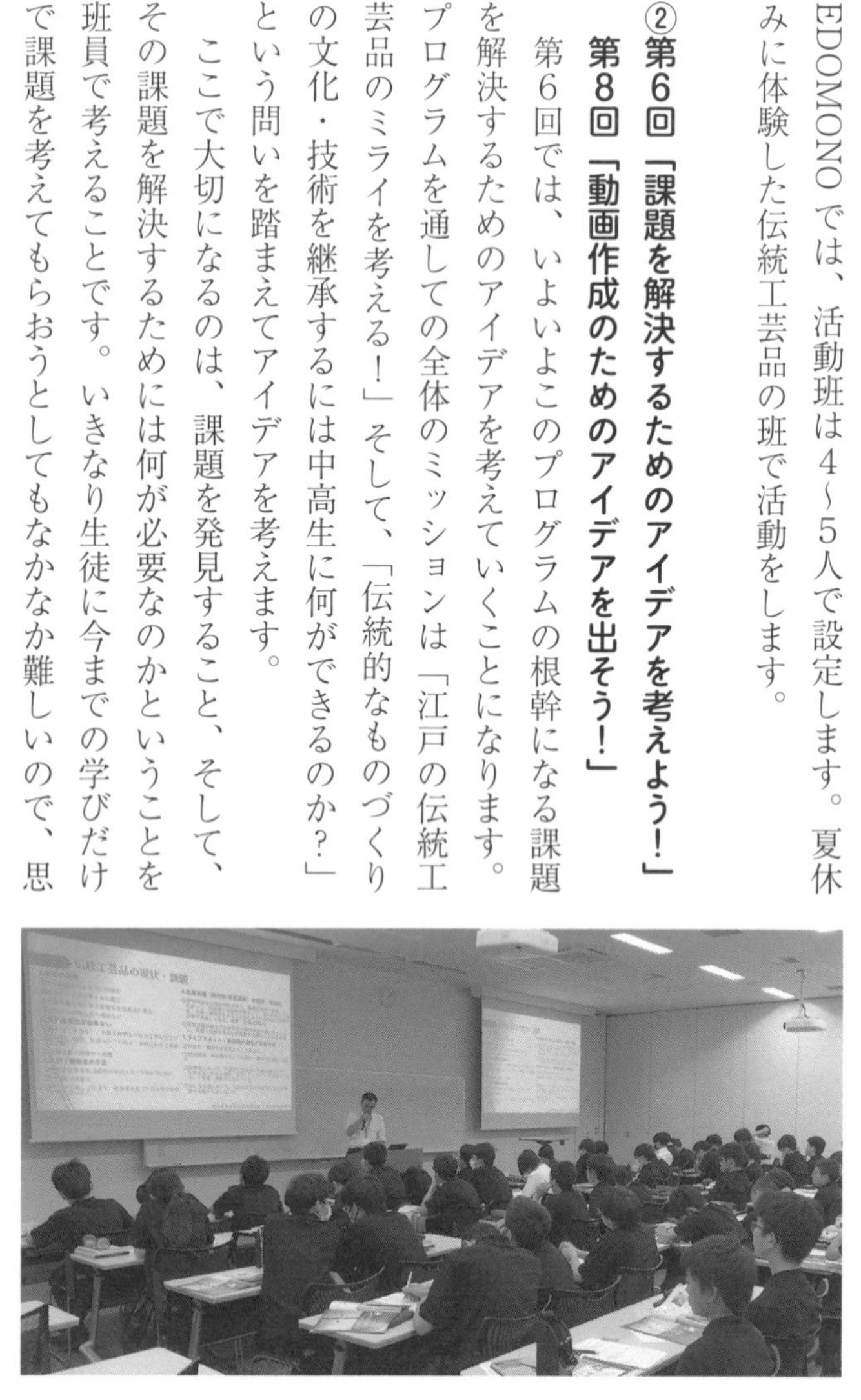

考の段階をしっかりと踏ませることで、無理なく課題の発見と解決のアイデアを出せるように工夫しました。その際に利用をしたのがGoogle Jamboardです。Jamboardでは、協働でホワイトボードを編集し、それぞれが付箋をどんどん貼ることができます。そこで、まず今までの学びを6つの項目に分け、班員でブレインストーミングをすることで情報を整理します。

その6項目は、①キラリポイント、②理想のミライ、③課題（ギャップ）、④課題解決のアイデア、⑤中高生にできること、⑥必要な情報・収集方法です。①のキラリポイントとは、現状を整理して出てきた内容のなかで班が一番気になっている部分を課題やアイデアの種として、そう呼びます。そして、そのキラリポイントを②理想のミラ

イにするには何が必要なのかを考え、①と②の間のギャップを③課題とします。さらに③を解決するためのアイデアを④とします。過年度は、この④課題解決のアイデアが決まったら動画作成に入っていましたが、生徒が深く思考するために、⑤中高生にできることという視点を加え、さらに、⑥必要な情報・収集方法についても考えるという過程を加えました。この改善は、教員が何度も時間をかけて話し合い、設計しました。

　このように段階を追って情報をまとめ、課題を発見することで、生徒は滞りなく、解決のためのアイデアを創造していくことが可能になります。その際にも、班員で各項目を相談しながら、ブレインストーミングのようにアイデア出しをすることで、協働で何かに取り組み、そして解決策を考

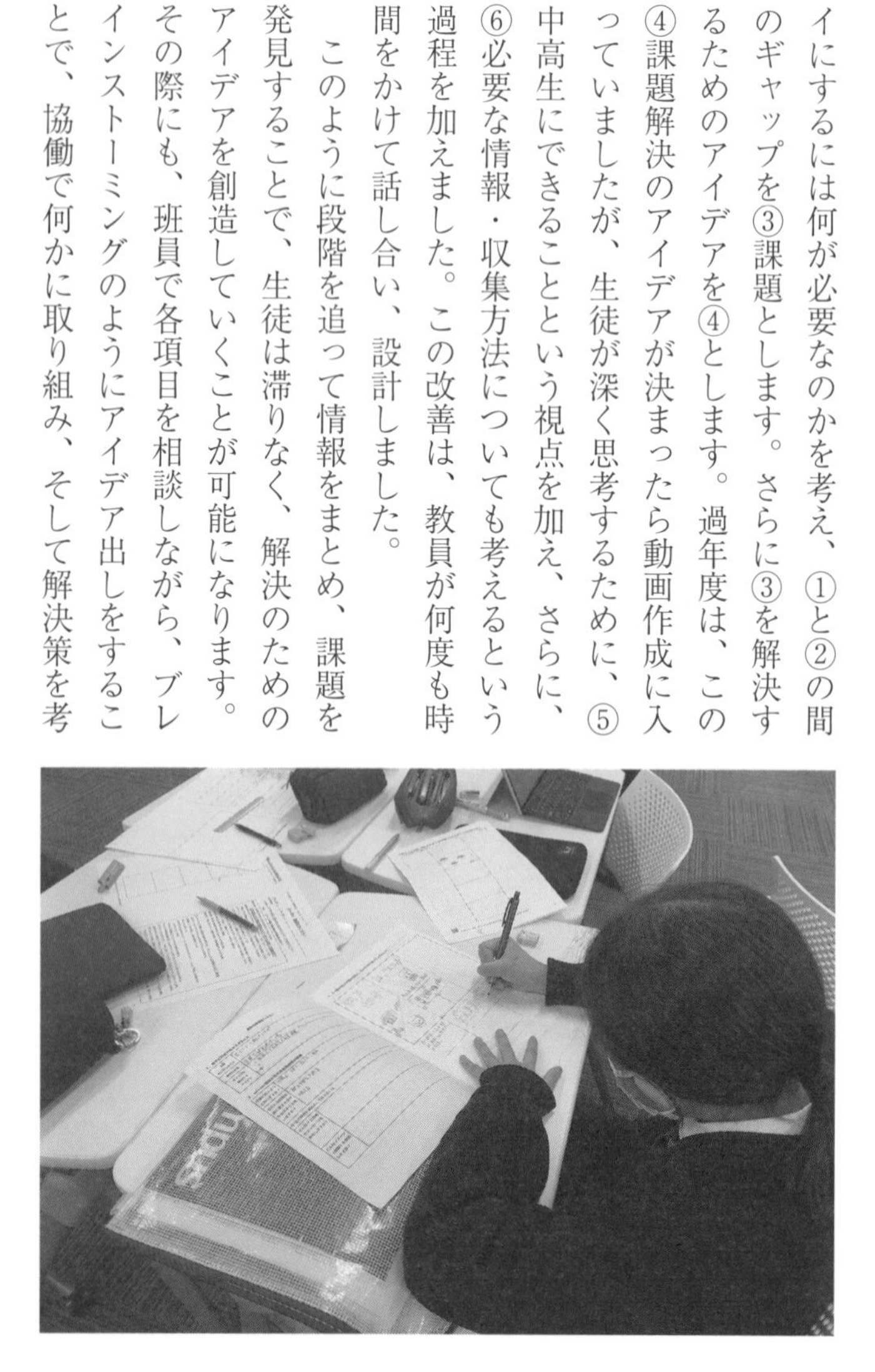

えることを大切にしています。このように進めることで、自分の視点だけではなく、班員全員の視点でアイデアを考えられるようになっていきます。

第8回では、課題解決のアイデアを他者へ伝えていく動画の作成に入ります。まず、1枚のポスターで動画のコンセプトを考えます。NHK for School「プロのプロセス」を必要に応じて活用します。ここでは、「ポスターの作り方」を視聴しました。次に、このコンセプトを基に、絵コンテ（動画のコマ割り）をかいていきます。どちらも「だれに」「何を」「どのように伝えるのか」という視点を大切にします。

動画作成には、学校所有の iPad を利用します。1学期の探究ITで iPad による動画作成を経験しているからです。教科横断型でスキルや学びを獲得することを教員も意識しています。1班に2台貸し出し、授業内で作成、提出をします。動画は、生徒が創意工夫を凝らし、ドラマ風につくる班、イラストでアニメのようにつくる班などバリエーション豊かなものが作成されます。この動画は2月探究ＤＡＹですべての班がクラス発表し、相互評価の結果を基に、優秀作品が全体会でゲストや他学年の生徒に向けて発表されます。

探究ＩＴ（2学期）

デジタルツールで遊ぼう

岩田　亮

1　単元の概要とねらい

①単元の概要

1年生2学期の探究ＩＴは、仮説を具現化する方法を学ぶために、複数のデジタルツールで遊びます。教員の指示で動くのではなく、それぞれの単元で与えられたミッションを自分たちのペースでこなすことが大切です。その中でたくさんのデジタルツールに触れ、そのどれか1つでもよいのでワクワク感を感じてもらいたい。そんな願いを込めてカリキュラムを組みました。生徒にとって「気持ち」の影響力は絶大です。例えば「入力したプログラムをドローンに転送したら自分がイメージした通りに動作してくれるだろうか」といった期待と不安を感じながら転送ボタンを押します。次の瞬間、ブーンという低い音とともにドローンは４つの羽が回転し、垂直に飛び上がります。このときの感動は、生徒の心を揺さぶり、次のミッション達成への原動力となります。

一方、ドローンがまったく反応しなかったらどうでしょうか。頭の中に「？」という疑問符が浮かび、周囲で音を立ててドローンが飛んでいる様子を傍目に見ながら、「なぜ私たちだけ飛ばないのだろうか？」と疑問をもちます。床にあるドローンを目視すると、もう一度ＰＣのモニターに映ったプログラムがテキスト通りかどうか入念にチェックします。数値の箇所は特に二度見して、ようやく準備が整ったら、転送シーケンスに移行します。次の瞬間、ドローンは見事に音を立て、飛び上がります。「失敗はラッキー」なのです。失敗も成果です。何も失敗せずにドローンが飛んだペアは、偶然あるいは準備の入念さにすでに気づき、飛ばなかったペアもまた準備の大切さを学べます。

教員が気をつけるべきは「教え過ぎない」ことです。理屈を教え過ぎれば、生徒のワクワク感は薄れることでしょう。ごく端的に、伝えるべきことを最小限に伝え、ドローンの飛ばし方とエラーの対策例だけをテキスト化して生徒と共有します。あとは生徒の主体性に委ねます。「気持ち」を通して自分を知ることが2学期のテーマです。

②単元のねらい

単元のねらいは3点です。

1　複数のデジタルツールに触れることで楽しさを感じ、自分の強みを見つけること
2　ゲーム感覚でトライ&エラーを繰り返しながらツールの使い方を覚えること
3　転送・実行する前に再度プログラムや数値を再確認する慎重さを学ぶこと

2　単元指導計画とルーブリック

2学期は、最新のITツールの使い方を習得することよりも、ゲーム感覚でトライ&エラーを繰り返す中でITツールやデジタルツールに触れることを目的としています。今後、自分の強みは何かを探るためにも、自分の思い通りになるテクノロジーを駆使したり、社会課題をITツールで解決・実現していくためのスキルを培ったりします。

特に意識したことは、生徒が1人でも学習できるようにテキストと動画を準備したことです。初歩から発展的なレベルまでをテキストにまとめ、一人ひとりの興味関心の強さと

これまでのスキルの差を埋めるためにも、授業以外の時間にも自由に学び進められるようにしました。

日本におけるプログラミング教育は、２０２０年に小学校で、２０２１年に中学校で、２０２２年に高校で必修化されました。私たちの生活にＩＴはもはや欠かせない存在となっており、プログラミングは今後ますます重要性が増すスキルです。しかし、生徒は「やってみたいな」「できたらいいな」と思う一方で、難しいという印象がまだまだ根強く残っているようです。

そんな不安を取り除くために、2学期に扱うデジタルツールを5つ用意しました。第一に、プログラミングの基礎を学ぶためにScratch 3.0でゲームをつくって遊びます。第二に、プログラミングで飛行制御を試すために「Scratch 2.0 × Tello EDU（ドローン）」を使用します。第三に、材質や質量などを簡単に変更することができる物理現象シミュレーションアプリ Algodoo を用いて、振り子やバネの振動などを仮想して中学の入試問題を解きました。

回	タイトル	概要
11、12	Scratch 3.0でゲーム制作	オリジナルゲームをつくる
13、14	Scratch 2.0×ドローン	ドローンを制御して遊ぶ
15、16	物理 simulation Algodoo	物理シミュレーション
17、18	iPad × iMovie 実験動画	再現性実験 動画撮影・編集
19、20	問題解決プログラム	APISNOTE & Jamboard

授業は隔週2コマ（1コマ50分）続きで実施しています

第四に、Algodooでシミュレーションした仮説を基に実験装置を組み立て、斜方投射実験や空中衝突実験をiMovieで撮影・編集します。第五に、3学期の企業との産学連携プログラムで実践するPBLを見据え、APISNOTEやJamboardなどのオンラインツールを使って、2学期の最後に実際に本校の身近な課題に対してデザイン思考を使ってアイデアをチーム内で集約して、最終的に授業で発表します。

今、探究学習が重視されていますが、正解のない予測困難な社会に対応するためには、この探究が全教科のハブとなることです。サイエンスは、自然現象に対して「なぜ?」を考える原点です。テクノロジーは、科学をどう応用するか、便利さを考える発想につながります。そしてエンジニアリングを通してものづくりの楽しさを発見することができます。

不器用な生徒も確かにいますが、それは単に経験値の差であり、能力差ではありません。たくさん経験することができれば、「何が好きなのか?」を知ることにつながります。科学だけでなく、技術・工学・情報・芸術など統合的なカリキュラムを組むことで、多用な分野からものづくりの楽しさ、プログラミングのおもしろさなどを体感し、理工系の研究・仕事への興味関心を引き出すことができると考え、生徒が主体性を発揮する要素を盛り込みました。

第11、12回　Scratch 3.0でゲーム制作

	A（よくできている）	B（できた）	C（あと一歩）
到達度	アイテムキャッチゲームがプログラミングでつくれた	アイテム集めゲームがプログラミングでつくれた	CHAPTER 2までの基本的コードがプログラミングでつくれた
プログラミングの正確性	テキストと同じ結果が表現できた	テキストとだいたい同じ結果が表現できた	テキストにある結果がなんとか表現できた
ゲーム制作	新しいゲームをつくり、かつ、自分の以外の仲間にもそのゲームを体験してもらった	新しいゲームをつくった、あるいはもう少しで完成した	新しいゲームつくりにははいれなかった

第13、14回　Scratch 2.0×ドローン

	A（よくできている）	B（できた）	C（あと一歩）
到達度	テキスト P51のラストミッション⑤まで完了した。かつプログラミングのソースコードとドローン制御の関係を理解でき、さらに新しい制御動作を試すことができた	テキスト P45までの基本的な制御まで完了し、かつプログラミングのソースコードとドローンの制御の関係性が理解できた	プログラミングでソースコードを入力し、ドローンに転送させ、ドローンを制御することができた
倫理観	高さや距離などの数値を正しく入力でき、かつドローンへ転送前にソースコード・数値を必ず確認することができた	高さや距離などの数値を正しく入力でき、かつドローンへの転送前にソースコード・数値をだいたい確認することができた	高さや距離などの数値を正しく入力でき、かつドローンへの転送前にソースコード・数値を何回か確認することができた
授業に対する姿勢	他のペアと観察することができた。また、友達と相談しながら満足のいく結果になった	他のペアを観察することはできなかったが、友達とは相談しながらできた	他のペアを観察することはできなかった。また、友達とも相談しながらやれなかった

第15、16回　物理 simulation Algodoo

	A（よくできている）	B（できた）	C（あと一歩）
シミュレーションの正確さ	テキストで学んでいないツールを用いてシミュレーションをつくれた	テキストで学んだツールを用いてシミュレーションをつくれた	オリジナルのシミュレーションをつくれた
シミュレーションによる課題解決	摩擦係数などの細やかな物性条件まで配慮して、テキストの問題と同じ状況のシミュレーションをつくれた	テキストの問題と同じ状況のシミュレーションをつくれた	シミュレーションを用いずにテキストの問題に取り組めた
授業に対する姿勢	自分で問題解決をしながら、一人で取り組むことができた	わからないことは質問したが、一人で最後まで取り組むことができた	何回か質問しながら、なれるところまで取り組むことができた

第17、18回　iPad × iMovie 実験動画

	A（よくできている）	B（できた）	C（あと一歩）
チームワークと再現性実験の到達度	班全員で協力、役割分担ができ、すべての解答を得る実験が最後までできた	班全員で協力、役割分担はでき、すべての実験はできなかったが、2つ以上の実験は行うことができた	班全員で協力や役割分担もあまりできなかった。また行えた実験は1つ以下だった
動画撮影の到達度	すべての実験を動画に撮影し、提出することができた	ミッション2－2、3の実験だけは動画に撮影し、提出することができた	ミッションの動画は撮影できなかったが、実験はいくつか行った
実験に対する姿勢	テキストの問題と同じ状況の装置を再現し、誤差を考慮して答えを導くことができた	テキストの問題と同じ状況の装置を再現し、観察したことを重視して、答えを導くことができた	テキストの問題と同じ状況の装置が再現できなかったが、頭の中で再現のイメージは浮かんだ

第19、20回　問題解決プログラム

	A（よくできている）	B（できた）	C（あと一歩）
APISNOTE & Jamboard	どちらもその用途を理解し、どちらも使ってみて、どちらかを決めてメンバーとアイデアを発散したり、収束したり、課題に対するニュースなどの情報を共有できた	どちらもその用途を理解し、どちらも使ってみて、どちらかを決めてメンバーと情報の共有はできた	どちらもその用途を理解し、どちらも使ってみたが、どちらかを決められず、触っておわった
チームワーク	チームやペアになった仲間と役割分担を決めて、最後まで協力することができた	チームやペアになった仲間となんとなく役割分担を決め、できるだけ協力することができた	チームやペアになった仲間とともに作業ができた
授業に対する姿勢	授業に積極的に参加できた	授業にまあまあ参加できた	できるだけ参加しようと努めた

3　学習の実際

①第11、12回「Scratch 3.0でゲーム制作」

次回、Scratchでドローンを制御して遊ぶために、プログラミングの基礎を学んだうえで、オリジナルのゲームをつくって遊んでみようというのが本時の目的です。生徒にはデジタルテキストを配信しているため授業外でも学習できます。

論理立ててコンピュータに指示を出せるように「順次処理」「分岐」「反復」という3つの要素をテキストにしたがって個々のペースで学び進めます。ここでは、プログラムは順序立てて過不足なくソースコードを入力しなければ正しく動作しない、ということを学びます。

②第13、14回「Scratch 2.0×ドローン」

エンジニアに求められる素質の1つに「慎重さ」があります。生徒は、プログラムを入力すると入力した数値なども確認せずにドローンに転送します。表向きは「ドローンを飛ばして遊ぼう」ですが、本時で伝えたかったことは、技術者の倫理観です。

周囲に与える影響を考えながら、ドローンにプログラムを転送する以前に、念入りなチェックを行う。指差し確認で周囲に危険はないか確認する。そういった準備の周到さが、自然に身についてくれるといいなという想いが込められています。うまくドローンが制御できないペアほど、プログラムを確認し、転送シーケンスを再確認するようになりました。ゲーム感覚でのトライ&エラーだからこそ、気づきが生まれました。

③第17、18回「iPad × iMovie 実験動画」

前回のAlgodooを用いた物理現象のシミュレーションで仮説を立てた5種類の再現実験を、実際にチームで実験道具を使って行い、シミュレーション通りの結果が出るか試します。

自由落下運動や振り子、ばね運動、水平投射と空中衝突など様々な物理実験を行い、いくつかの実験を動画に収め、動画編集までを行い、提出します。

本時はチームワークの良し悪しが実験結果に表れます。試行錯誤を繰り返す中で、満足いった班がある一方で、実験装置の調整や人の手で行うことによる測定の誤差により、思うような結果が出ないグループもありました。授業を通して実験では誤差が発生するためこの誤差を考慮して繰り返すことや動画で解析して結論づける必要があることも学びました。

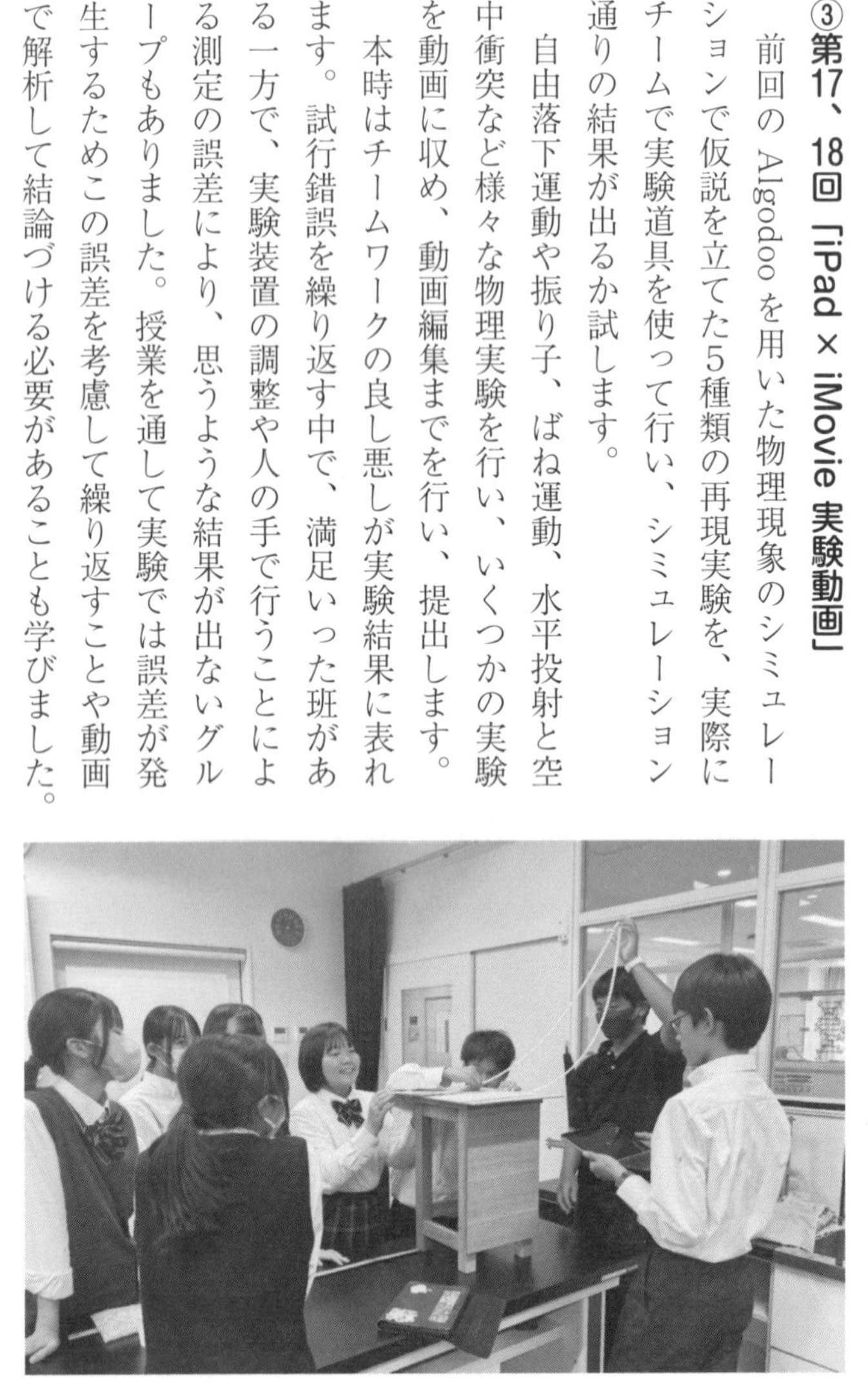

④第19、20回「問題解決プログラム」

本時はAPISNOTEとJamboardを用いて、「どこでも会議ができる」をテーマにアイデアを創出しました。1学期の「ドラえもんになってもらいます」では、個人や集団が抱える問題を1つの道具によって解決するべく、実現可能性を度外視して自由に発想を広げましたが、今回の問題解決プログラムでは、いくつか示された学校が抱える課題の中から班ごとに1つを選択し、現実的なアプローチでその課題を解決するための案を策定します。具体的な解決策を考え始める前に、そもそも見えている問題の本質は何かを探り、実際に見えている現象から阻害要因を見つけ出し、問題を棲み分けて考える手法を実践しました。

例えば、「売店の売上をアップしたい」というテーマにした班は、クラスメイトや部活の先輩に調査して「売店に行くのが面倒くさい」「規模が小さい」「営業時間が短い」といった声を集め、「1階にしか売店がないこと」について、「休み時間に売れ行きがよい品物限定で、高校生がカフェテリアの食券を買う販売機のあたりでワゴンで売る」という解決案を提起しました。このアイデアは、多くの生徒から共感を得ることができました。

探究GC（3学期）

マイクロプラスチック問題を科学し、今すべきアクションを考えて表現しよう

關沢千穂

1　単元の概要とねらい

①単元の概要

1年生3学期の探究GCは、Our SDGsと題して、よりよいミライへのアクションを考えます。2022年度までは、SDGsの17のゴールから1つを選び、日本と他国との現状の違いをまとめたり、日常の生活の中で問題解決につながるアクションを川柳にし、カルタをつくったりしました。しかし近年、小学校での総合的な学習の時間などでSDGsを扱うことが増え、すでにSDGsについて学習している生徒がクラスの大半を占めるような状況に鑑み、教員が知恵を出し合って新しいプログラムを設計しました。

ミッションを「マイクロプラスチック問題を正しく科学し、自分たちが今すべきアクションを考えて表現しよう」、問いを「知ったつもりになっている環境問題を改めて学ぶとどんな発見があるか」としました。

理工系大学の附属校という特徴を生かし、理科的な要素を取り入れました。海洋プラスチックに焦点を当て、食塩中に含まれるマイクロプラスチックの観察実験とプラスチックの分析実験を行い、マイクロプラスチックの現状や実態を理解します。併設大学の教授に、専門家の視点から、プラスチックリサイクルの現状や、新たな利用方法などを学びます。これらの活動を踏まえ、さらに調べ、より深い理解に向かいます。最後に、学んだ内容を1冊のブックレットにまとめ、１枚のスケッチを描きます。これは、班ごとに1つの問題点に焦点を絞り、それを解決するアイデアを考えて個々に表現します。あえてスケッチという多様性のある表現方法にしているのは、生徒の将来的なＰＢＬでの選択肢を増やすという目的があるからです。

マイクロプラスチックを通して環境問題を知ることで、生徒はよりよいミライへのアクションを考える端緒に触れます。

②単元のねらい

単元のねらいは2点です。

1　SDGsを他人ごとではなく自分ごととして捉え、環境問題への関心を高めること

2　解明されていることとそうでないことを整理し、科学的な視点を醸成すること

2　単元指導計画

3学期の授業は全3日間の合計6回と、他学期に比べて少なく、内容を厳選する必要があります。この単元では、生物実験室や講義向きのホールなど、目的に応じて活動場所を選びながら実施しました。3学期という季節柄、学級閉鎖などのため授業時間数が不足する事態になりましたが、授業スライドやプラ

回	タイトル	概要
1	SDGsを深掘りしよう	日本のSDGsの達成状況、海洋ゴミ問題などの講義
2	本当にそんなにマイクロプラスチックが海にあるの？	マイクロプラスチック検出実験
3	ゴミの分別はなぜ必要？	プラスチック分類実験
4	プラスチックの有効活用とは？	併設大学教授の講義
5	プラスチック問題について私たちにできるアクションは？	各班でプラスチック問題の解決策をブレスト

スチックについての動画、専門家の講演の様子を録画した動画の配信などを行って、生徒の自学習で補うことで対応しました。

3 学習の実際

①第1回「SDGsを深堀りしよう」
第2回「本当にそんなにマイクロプラスチックが海にあるの?」

日本が島国であることに着目し、ゴール14「海の豊かさを守ろう」に焦点を絞り、より科学的な視点で問題について考えます。まず、日本のSDGsの現状、海洋プラスチックごみの問題点、それについての人類の取組み、マイクロプラスチックについての4点を講義します。このとき、現在わかっていること、わかっていないことを明らかにして説明することに留意します。例えば、プラスチックは水に不溶なため、尿として排泄できず、体内に蓄積してしまうことはわかっていることです。しかしながら、体内に蓄積したプラスチックがどのような健康被害を生じさせるかはまだはっきり解明されているとは言えません。

ここを切り分けて明確に伝えることで、「じゃあどうしたら解明できるのだろう？」「じゃあ必ずしも悪いものではないのではないか？」など、生徒の思考の幅が広がることを期待します。

「本当にそんなにマイクロプラスチックが海にあるの？」を確かめるため、市販の食塩を観察しました。今回は、イギリス産、フランス産、愛知県産、沖縄県産の４種類を用意しました。班員は１班４～５名なので、１人１種類を担当し、ルーペで観察します。それぞれの塩をシャーレに少量ずつ入れ、観察し、味を比べます。肉眼では異物を見つけられないことを実感します。次に、シャーレの塩を水に溶かして顕微鏡観察をします。ほとんどの生徒がプラスチックらしいものを見つけることができました。生徒からも「驚いた」という声が多く聞こえました。また「海外のものの方がプラスチックが多かった」「市販の塩にこんなに含まれていることが実感できて、他人事ではなくなった」などの感想もありました。

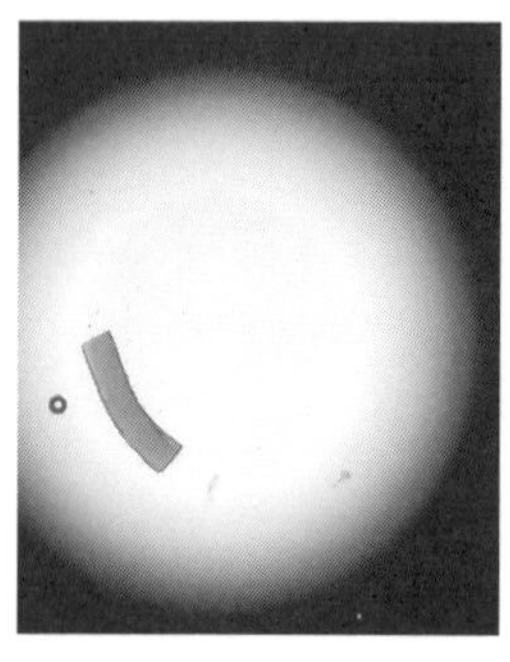

②第4回「プラスチックの有効活用とは？」

併設大学教授による講演を設定したのは、テラヘルツ波を用いたプラスチックの調査や分別技術等を研究されていたからです。この単元に、最前線のプラスチック研究を加え、今後の技術革新を視野に入れた探究活動につなげてほしいという思いが教員にありました。

講演には、マテリアルリサイクル（プラスチックから原料に戻して、再びプラスチックを作るリサイクル）や、原油の輸入量削減、ナノプラスチックのガン治療への活用の可能性など、生徒が身近に感じるトピックにあふれていました。1年生が大学教授の講演を理解できるか心配ではありましたが、事後アンケートからは、少々難易度は高かったものの、「面白い」「とても面白い」と回答した生徒が約70％でした。講演を聴く姿からも真剣さがわかりました。科学的な視点を多面的に醸成するきっかけができたと感じます。

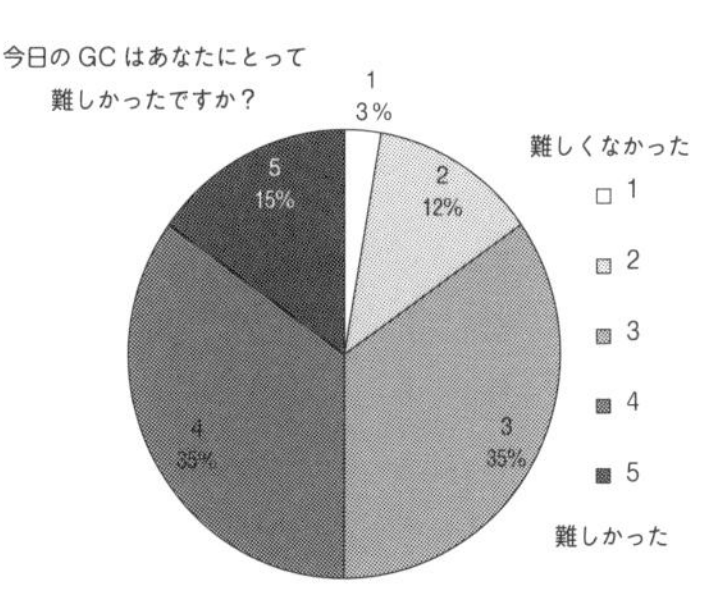

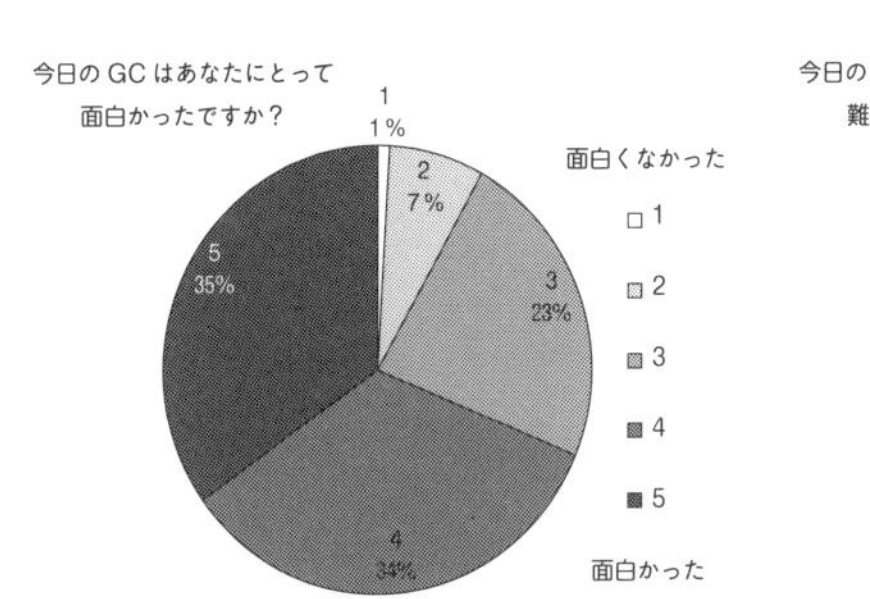

探究IT（3学期）

先端技術ロボットを活用した課題解決策を提案しよう

小川賢一郎

1　単元の概要とねらい

①単元の概要

１年生の探究ＩＴを通して、様々なＩＴスキルとデザイン思考スキルを習得してきました。そして、これらの学びを集大成する形で、３学期にはアバターイン株式会社との産学連携授業を３回にわたり実施しました。アバターイン株式会社は、ＡＮＡホールディングス発のスタートアップ企業で、より良い社会のために『アバターイン』を、すべての人の新しい能力にすることで、人類のあらゆる可能性を広げていくという目標を掲げています。そこで、次世代のコミュニケーションロボットとしてnewme（ニューミー）の独自開発に成功しています。このロボットは、人間のような自然な動きと表情をもち、リアルタイムで会話し、相手の感情やニーズに応じたサポートを提供することができます。この技術は、接客や受付などのカスタマーサービスや教育などの様々な分野で活用され、人とロボットのコミュニケーションを新たな次元に引き上げています。

この単元では、実際にnewmeを体験し、関連する課題に対して、これまでに身につけた知識や技能を結集して解決案を提示することが目的です。このような先端技術やロボット技術に触れることで、未来の職業や産業の可能性を探究し、興味をもつことができ、同時に現実世界の問題を解決するためのプロジェクトに活用できると期待し、本授業を設計しました。新しい技術やビジネスモデルを学ぶだけでなく、実際の企業と協力して課題解決に取り組むことで、将来の可能性を広げる大きな機会となりました。

②単元のねらい

単元のねらいは5点です。

1　最先端の技術に触れ、私たちの生活にどのように応用されているのか学び、その将来性を学びとること

2　最先端の技術に興味をもち、将来の職業に対する意識を具体的に高めること
3　課題に対する本質的な問題点、解決すべき課題、具体的解決策をきちんと考えたうえで具体的な提案をすること
4　他者の意見を肯定的に聞くことができ、創造的な対話ができること
5　実践的な経験を通じて、チームワークやリーダーシップ、コミュニケーション能力を発展させること

2 単元指導計画

ＩＴの授業開発では、生徒が自らのＩＴリテラシーを活用する力、課題解決に向けたアイデアを創出する力、他者との関わりを通じた創造的対話や発信力を養うことを重視しています。ＰＢＬを取り入れた授業を通じて、生徒が現実の課題に主体的に取り組み、新しい価値を生み出すためのスキルを身につけることを目指します。

回	タイトル	概要
1	アバターイン株式会社出前授業	最先端モビリティの紹介 newme の体験
2	問題解決型 ワークショップ	アイデアの発散と収束 発表用スライドの作成
3	発表	1班3分＋質疑応答2分 ふり返りと講評

3　学習の実際

①第1回「アバターイン株式会社出前授業」

企業から、事業紹介やビジョン、製品について講義を受けます。そして、現在会社が抱えている企業課題が生徒に提示されます。実際に提示された課題例を紹介します。

「newmeを中高生に広めるにはどのようにすればよいか」
「newmeをどこの国に置けばよいか」
「newmeをどの企業に導入すればよいか」

生徒は、講義を通じて、このロボットがだれのために、何のために開発されたのかを理解し、先端技術ロボットを操作することで、様々な課題や問いを発見することができました。この経験は、生徒の技術的興味や倫理観を高め、将来のキャリア選択にも影響を与えることが期待されます。

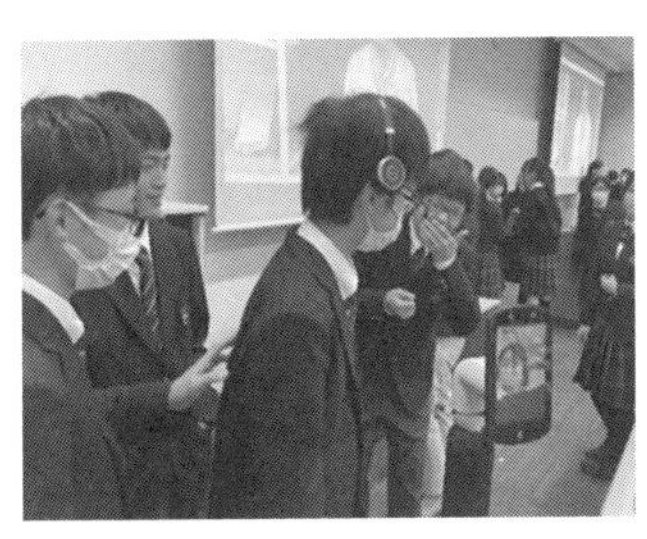

②第2回「問題解決型ワークショップ」

課題に対するアイデアを出し合い、発表用スライドを作成しました。昨年度は、新型コロナウイルス感染拡大の防止のためオンライン授業だったので、生徒は自宅からZoomのブレイクアウトルームを用いて班ごとの話し合いを行い、APISNOTEやJamboardを利用して意見の共有を行いました。さらに、Googleスライドを使って共同編集を行いました。

これらのツールを活用することで、授業外の時間でも皆で集まることなく容易に意見交換や共同編集ができることや、教員側もすべての班の進捗状況を容易に把握できることが利点です。将来的に会社などでこのようなツールを使用することも考え、対面授業となってもこの方式を採用しています。

③第3回「発表」

最終回では、1班3分+質疑応答2分の形式で、10班分の発表を行いました。発表に関して、以下の点を重視するように伝えました。まず、解決方法を提案するに至る過程（課題と背景）を明確に説明することです。次に、具体的な解決方法を提示し、期待される効果を述べることです。さらに、予想される問題点やその解決策についても言及することです。また、「この発表は単なる情報の提供ではなく、自らのアイデアを売り込むプレゼンテーションである」ということを最初に明示しました。

ここで、実際に出たアイデアを紹介します。

最初に、24時間営業のコンビニエンスストアやフードレストランにおいて、newme の導入を提案する班がありました。24時間営業に伴う人材不足の問題に注目し、newme を人手の代替手段として提案しました。提案には防犯上の問題が予想され、非常ボタンや防犯カメラの設置が提案されましたが、実際の導入に際してはこれらの対策が不十分であり、課題が残る結果となりました。

次に、観光事業における提案がありました。佐渡島や小笠原諸島など、手軽に旅行することが難しい場所において、観光を促進するためにロボットを導入するというものです。予想される問題点としては、舗装されていない場所での観光が難しいことがあげられました。この問題に対する解決策として、ロボットの構造面を改善し、タイヤを大型化したり、サスペンションを追加したりすることが提案されました。

どちらの提案も、大人が思いつかないような斬新なアイデアを引き出すことが教員側の課題となります。今後も創造的なアプローチを促進し、より実現可能な解決策を模索していくことを目指します。

企業との連携を通じて、社会課題を解決する難しさと意義を学ぶことができました。同様に、課題を見つけることの重要性も理解できたと考えます。生徒は情報の受け手ではなく、自ら考え行動することで成長しました。また、他者とのコラボレーションや対話を通じて、多様な視点やアイデアを取り入れ、より創造的な成果を生み出すことができるようになりました。これにより、社会との接点を意識した学びが展開され、将来の活躍に向けた力を身につけることが期待できます。

今後の課題としては、これまでの経験を生かしてさらなる成長を促すことです。生徒だけでなく、企業側からフィードバックを得ることも大切です。

4章

ＰＢＬのカリキュラムデザインの実際②［中学２年］

探究GC（1、2学期）

現地の方との交流を通して、地域振興のアイデアを考えよう

山川翔馬

1　単元の概要とねらい

①単元の概要

2年生の探究GCは、1年生で探究した豊洲・東京都から、長野県・日本へと視野を広げていきます。KOKOJIMAN（ココジマン）と題して、長野県の抱える課題について考えます。従来から学校行事として設定されている長野農村合宿を生かし、現地の方との交流を通して、長野県の抱える課題と向き合っていきます。

このプログラムには、1年生で実施したプログラムと異なる点が2つあります。1つは規模です。1年生で実施したTOYOASOBIやEDOMONOは1学期間で完結するプログ

ラムでしたが、KOKOJIMANは1学期から2学期にかけて約8か月かけての長期的なプログラムになります。長期的に1つの課題について考えることで、1年生では至ることができなかった、アイデアの実現可能性や持続可能性といった現実的な視点まで入れてアイデアを考えていきます。

もう1つは、主体性です。1年生では、すでに設定されている探究テーマに沿ってインプットを中心とした調べ学習をしてきました。2年生では、「長野県の抱える課題を解決する」という大枠の中で、各自が気になる探究テーマを設定し、問いの設定からアイデアの創出まで、より主体的な探究活動を行います。

②単元のねらい

単元のねらいは3点です。

1 長期的な探究活動に取り組み、継続的に思考を深めていくこと
2 テーマ設定からアイデアの創出まで主体的な探究活動を行うこと
3 アイデアの創出に留まらず、持続可能性や実現可能性まで考慮したアイデアに昇華すること

2 単元指導計画と評価

GCは、1年生と同様に隔週2時間（1時間50分授業）で実施します。

GCでは協働性を大事にしており、基本的に班で活動が進みます。第4回の探究テーマを決めるまでは、機械的に分けられた出席番号順の班で、第5回以降はテーマに基づいた班で活動します。

1年生のGCは校外での活動が多かったのですが、2年生は班のメンバーの意見に耳を傾け、自分の意見を伝え、話し合う場面が多くなること、さらに、長期的な探究学習であることから、チームビ

学期	回	タイトル	概要
1学期	1	都道府県解剖図鑑を発表しよう！	My 都道府県を1つ選び、それぞれ知事になったつもりで My 都道府県の魅力をまとめ、発表する
	2	アンテナショップに行ってみよう！	My 都道府県のアンテナショップへ行き、ご当地グルメを体験する
	3	長野の人から話を聞こう！	長野県の方からオンラインで話を聞く
		My 都道府県にもう一度目を向けよう！	自身が住んでいる県、My 都道府県、長野県を比較しながら各地の課題を調べる
	4	探究チームを決めよう！	長野県の方から聞いた話を基に気になるテーマを選択。このテーマを基にチームを構成する
		チームで問いを深めよう！	チームで設定したテーマに沿って、問いを設定する
	5	チームでアイデアを深めよう！	1学期末の中間発表に向けて、アイデアを深める
2学期		長野農村合宿	
	6	長野の体験をまとめよう！	長野農村合宿での体験を英語でフライヤーにまとめる
	7	フライヤーを発表しよう！	留学生に向けて、チームでつくったフライヤーを英語で紹介する
	8	問いとアイデアをもう一歩深めよう！	長野農村合宿での体験も踏まえて、問いとアイデアを再考する
	9	問いとアイデアをもう一歩深めよう！～壁打ち～	本校の卒業生を中心に社会人を招き、壁打ちを行うことでアイデアの実現可能性を考える
	10	最終ポスターを作成しよう！	最終発表に向けてポスターを作成する
	課題	プロジェクトを言語化しよう！	KOKOJIMAN で考えてきた内容を論文の形でアウトプットする

ルディングを大切にしています。そこで、レゴを用いたアイスブレイクなどを取り入れています。

KOKOJIMANは、前述の通り学校行事も巻き込んだ長期的かつ大規模なプログラムです。１学期にはネットや本で調べた情報を基に、２学期には自分たちの目や耳で得た経験も踏まえて長野県の抱える課題と向き合っていきます。１学期の導入では、都道府県の魅力を知ることで地域振興の必要性・重要性を知る活動を行います。そして、これから自分たちが実際に行く長野県に目を向けて、長野県の現状や課題について調べていきます。

それらを基に、自分たちで課題解決のアイデアを創出し、7月探究ＤＡＹの中間発表を迎えます。しかし、中間発表時のアイデアはまだ不完全なものです。不完全であることを前提に発表をしてゲストから意見をもらい、自分たちにはどのような情報が必要か、長野農村合宿でどのような調査をしてくればよいかを考えます。

そして、2学期始まってすぐに長野を訪れ、情報収集を行い、2学期全5回の授業でアイデアを練り上げていきます。社会人を招いた壁打ちを行いながら、何度も繰り返しアイデアを練り上げていきます。

成果物はルーブリックで評価せず、探究活動を通して獲得したSHIBAURA 探究スキルを評価しています。

SHIBAURA探究スキルとは、2021年から始まったSHIBAURA探究を通して獲得を目指す探究スキルのことで、「学びの技」※1のスキルと「情報活用能力体系表」※2のレベル3を参考に、本校の既存の教育活動で培う探究スキルを合わせて、策定したものです。生徒、授業担当者ともに、授業を通してどんなスキルを獲得するかが明確になります。また、探究IT、探究GC、国語、技術、言語技術など、教科横断で育成するスキルを設定しているため、スキル獲得場面がひと目でわかります。

KOKOJIMANでは、最終発表会である2月探究DAYにおいて、生徒の自己評価としてSHIBAURA探究スキルの獲得について回答を求めます。SHIBAURA探究スキルと探究する姿勢についての質問項目と2022年度の回答結果を掲載します。

SHIBAURA 探究スキルの獲得 （3獲得できた、2まぁまぁ獲得できた、1獲得できていない）		全体	男子	女子
03	探究学習のステップ	2.23	2.26	2.13
46	アイデア出し（キラリポイント・アイデア）	2.42	2.47	2.29
214	情報の記録の取り方①	2.26	2.29	2.16
210	インタビューの仕方	2.16	2.15	2.18
212	FW やそのほかの調査方法	2.19	2.21	2.13
510	ポスターセッションの作成と方法	2.46	2.43	2.55
213	参考文献の書き方	2.38	2.35	2.47
55	発表の準備とリハーサル	2.32	2.32	2.34
57	聞き方のポイントと発表の生かし方	2.27	2.27	2.26
58	効果的な質問の仕方	2.20	2.24	2.08
61-69	論文の書き方	2.30	2.30	2.29

探究する姿勢 （3できた、2まぁまぁできた、1できなかった）	全体	男子	女子
自分が興味のあるテーマに積極的に向き合った	2.51	2.51	2.50
自分が興味のないテーマでも積極的に向き合った	2.22	2.19	2.32
アイデア出しの場面で「質より量」を意識して取り組んだ	2.31	2.28	2.39
自分でより深く知ろう、調べようと心がけた	2.37	2.36	2.39
「まず聞く」相手の話を否定せずに聞けた	2.43	2.44	2.39
「しっかり聞く」発言者の意見を理解できるように聞けた	2.40	2.36	2.53
「相手を尊重する」人の意見を受け入れた上で、より良い意見を出せた	2.40	2.38	2.47
他者の意見と自分の意見が合わなくても、話し合いを重ねることができた	2.32	2.28	2.47
班で決まったアイデアなどが自分の考えと違っていても、協力できた	2.44	2.38	2.61
班の活動に自分なりに貢献できた	2.40	2.41	2.39
班での発表の準備に自分なりに協力してより良いものにしようとした	2.40	2.38	2.47
壁打ちなどのアイデアのブラッシュアップに積極的に参加した	2.23	2.22	2.26
班で考えたことを踏まえて、論文作成に積極的に取り組んだ	2.31	2.26	2.47
完成度の高い論文になるように努力した	2.29	2.34	2.16
ポスターセッションで、長野探究学習での成果を聴衆に伝えるように熱意をもって発表した	2.39	2.40	2.37

回答数ｎ＝154（回答率　99.4%、男子116名、女子38名）

3　学習の実際

①第1回「都道府県解剖図鑑を発表しよう！」
第2回「アンテナショップに行ってみよう！」

このプログラムでは、生徒がこれから考えていく地域振興の意義や本質について、体験的に学習します。第1回では、生徒が春休みの間に作成した「都道府県解剖図鑑」を互いに発表します。都道府県解剖図鑑とは、各自が調べてみたい都道府県の特産品や観光地などを調べ、Google Earthのプロジェクトを用いてまとめたものです。生徒は都道府県の知事になったつもりで、その都道府県の魅力をまとめます。「知事になったつもり」と設定したのは、自分とは離れた関わりの薄い土地について調べても、単純な情報収集作業になってしまうと考えたためです。「知事に

なったつもり」という視点を設定することで、各地域のもつ魅力をより主体的に捉えることができます。発表は４～５人の班をつくり、班の中で互いに行います。探究室備えつけのテレビ1台、移動式のプロジェクター9台を使用して、各教室や廊下の壁に投影して同時に行います。自身が調べた都道府県とは違う都道府県の発表を聞くことで、地域の多様性を知ることができます。実際、授業後の生徒のふり返りから「各都道府県にもそれぞれの魅力があり、新鮮でおもしろかった」「同じ県でも地学場所や名産を説明していて勉強になった」などの声があげられています。

第２回では、各自が選んだ都道府県のアンテナショップまで行き、３つのミッションに取り組みます。第一にその都道府県のパンフレットを入手すること、第二にご当地グルメを体験してくること、そして第三に各都道府県が行っている工夫を探すことです。これらのミッションに取り組むことで、生徒の学びが体験的なものとなり、自分たちが調べた都道府県をより身近に感じる

ことができます。本校から30分圏内にある有楽町・新橋・銀座エリアには様々な都道府県のアンテナショップがあります。２コマの授業時間（１１０分）内でこのプログラムを実施できたのは、この立地のおかげです。

また、校外に出るプログラムであるため安全確保には注意を払いました。教員は、あらかじめ生徒がどこのアンテナショップに行くかを調査し、それに合わせて各場所を分担して巡回します。生徒には緊急連絡先を伝え、有事の際には連絡できるようにしておきます。以上のように、安全を確保しつつ、生徒が楽しんで臨めるプログラムを設計しました。

②長野農村合宿

長野農村合宿は、本校既存の芋井農村合宿に探究活動を組み合わせてできたプログラムです。２泊３日の民泊に加えて、テーマ別研修を１日設けて３泊４日で実施します。現地の方と触れ合うことで、生徒は長野県の抱える課題をより自分ごととして捉えることができます。さらに、ネットの情報だけに頼ることなく、現地の方の生の声や自分の経験も踏まえて、より多角的に課題と向き合うことができるようになります。長野農村合宿は学年行事でもあるため、学年の教員と役割分担をします。ＧＣとしては、テーマ別研修のグループ分け、コース設計を担当し、その他の行程は学年教員が担当します。

コースは、１学期に探究班を構成した大きな４テーマに基づき、４つに分かれています。７月探究ＤＡＹの中間発表後に、生徒に現地調査の方法を再考してもらい、「どこで」「だれに」「どのようなことを」聞きたいのかを生徒から回収します。この内容に基づき、現地の方と相談しながらコース設計をします。そのため、年によってコースの内容は変わります。２０２３年度のコースは下表の通りです。

各コース２〜３か所でテーマに沿った話を聞きます。担当者も様々で、それぞれのテーマに沿った方が話をしてくれます。生徒は、事前に準備してきた質問を投げかけたり、情報収集のために自ら通行人にインタビューをしたりします。

グループ	テーマ	場所
1号車	ジビエ	飯綱高原スキー場
	リンゴ栽培	飯綱町　町民会館会場
	稲作・畑作	信濃町落影組合
2号車	少子高齢化・医療	アソビーバナガノパーク
	Ｉターン	
	廃校利用	いいづなコネクト WEST
3号車	善光寺・びんずる	善光寺
	国立公園・野鳥	戸隠森林植物園
	スポーツ	黒姫高原スノーパーク
4号車	環境整備	長野県浅川ダム
	信濃鉄道・デマンド交通	飯綱町　町民会館会場
	森の駅	長野フォレストヴィレッジ

ネットで調べる情報とは異なる、現地の方が実際に感じていることを聞くことで、新たな課題を発見することができます。中には、現地の方の思いを聞く中で、自分たちの設定した理想状態が現地の方の思いを叶えるものではなかったと気づく班もありました。

テーマ別研修から帰った後は、その日各コースで体験してきたことをまとめ、自分たちのアイデアを練り直します。自分たちが考えてきたアイデアが本当に実現可能なのか、また効果的であるのかを考えます。そして、夜のワークでは現地

在住のゲストを招き、自分たちのアイデアを発表してゲストから意見をもらいます。現地の方は、人員や資金の問題まで、現実的な視点から意見をくれます。生徒は、もらった意見を参考に、アイデアをさらに練り上げていきます。長野農村合宿後に行った生徒のふり返りでは、「自分たちが調べた情報と違うところを見つけ、アイデアを改善できた」「今日やったことを今日中にまとめたため、考えがまとまりやすかった」などのコメントが見られました。

長野農村合宿は、学年行事でもあり、引率する学年の教員との役割分担、協力が重要です。この３日目に行ったテーマ別研修においても、４グループに分かれての研修になるため、研修先でのファシリテーションなど、学年の教員に協力してもらう部分が多いです。しかし、学年教員の多くは、日頃ＧＣについて深く関わることはありません。そのため、準備の段

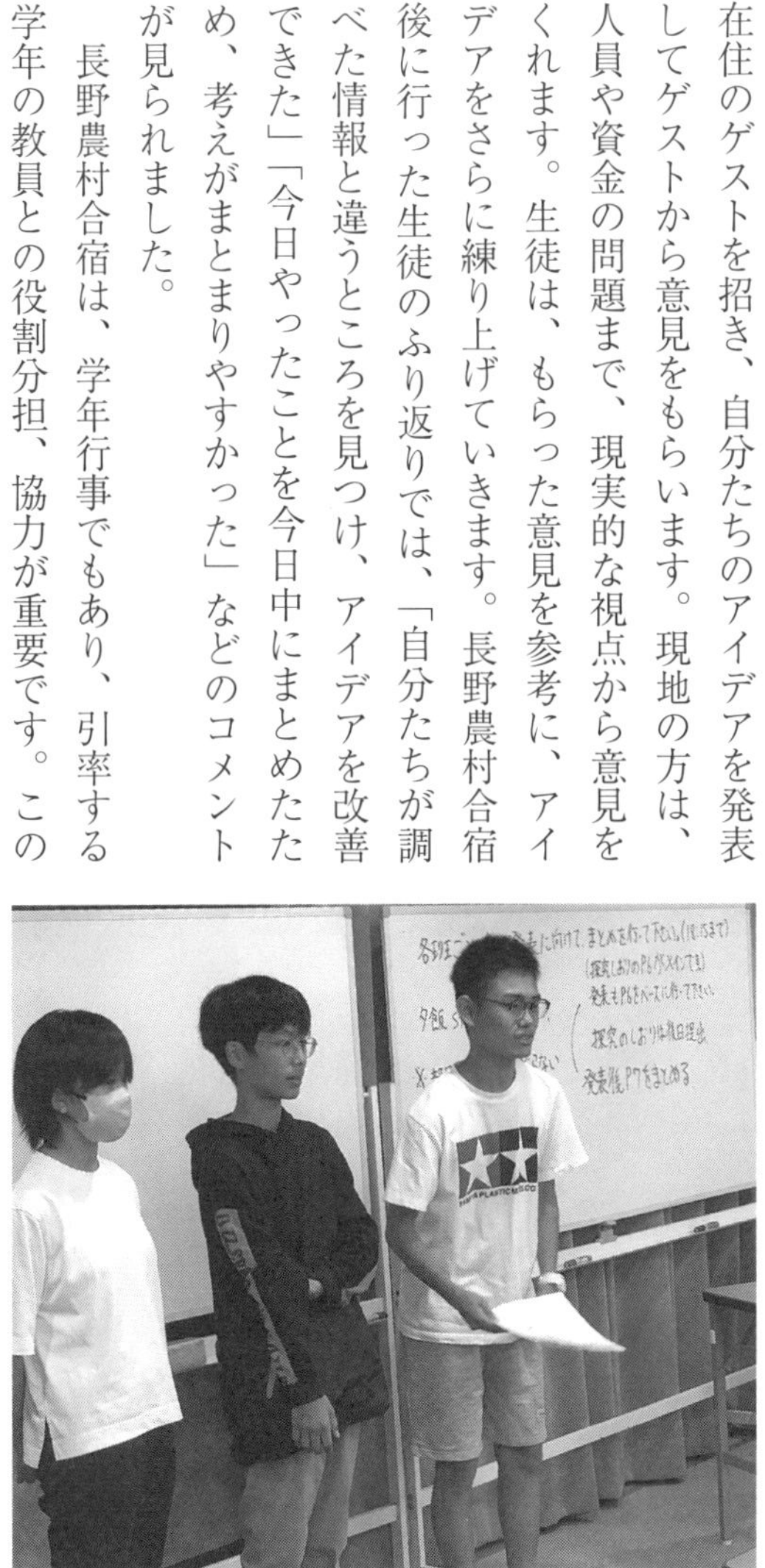

階で学年教員とGCではどのような活動をしているのか、このテーマ別研修の目的や意図は何か、などを明確にして共有しておくことが必要になります。日頃から、GCでどのような活動を行っているか情報発信し、共有しておくことで学年教員との連携もスムーズになります。探究の授業は多くの教員が関わることで質の高いものになっていくので、そういった意味でも情報発信、共有は重要な意味をもつことでしょう。

③第9回「問いとアイデアをもう一歩深めよう！　～壁打ち～」

KOKOJIMAN のプログラムでは、1学期にネットや本から情報を収集し、長野農村合宿で現地の方の本音に触れ、様々な視点から長野県の抱える課題と向き合っていきます。本プログラムでは、1年生よりも発展的に、実現可能性や持続可能性を重視したアイデアの創出を目指します。

その過程で、理想状態とアイデアが分離してしまう班も少なくありません。このタイミングで壁打ちを設け、発表の準備をすることで、自分たちのアイデアを改めて客観的に見直すことができます。壁打ちの準備中に、根拠となるデータの少なさや、論理の破綻に気づく班もいくつかありました。また、自分たちにはない視点が入ることで、アイデア改善につなげられます。生徒たちは3～5人の固定化した班でアイデアを考えます。すると、アイデアが偏ってきたり、自分たちだけでは気づき得ない穴が出てきます。そのため、大方アイデアが固まってきたこのタイミングで壁打ちを行うことで、新たなアイデアの創出や改善のヒントをもらうことができます。

壁打ちは1年生のEDOMONOでも行っています。ただ、1年生の壁打ちと異なるのは、壁打ちの相手です。EDOMONOで行った壁打ちの相手は、同じクラスの生徒たち、つまり中学生でした。しかし、今回の壁打ちの相手は社会人です。まだ学校という社会しか知らない中学生から意見をもらうのと、実際に社会を経験している社会人から意見をもらうのとでは、視点や説得力などが大きく異なります。本校の卒業生を中心に、実際に社会で活躍されている方を招いて、現実的な意見をもらいました。このような場面で卒業生に協力してもらえるのも本校の強みかもしれません。

壁打ちの発表は1クラス10～11班を3か所に分けて行います。各班発表5分、質疑応答10分で、質疑応答を中心に行います。生徒は、学校の先生以外の大人を前に発表する機会は多くないため、緊張の面持ちで発表します。卒業生は、中学生ならではの斬新なアイデアを楽しみながら真剣に聞いてくれます。そして、一見実現が難しそうなアイデアでも、できる限り実現できるようにと様々な角度から、前向きな意見をくれます。一見実現不可能に見えたアイデアを考えていた班が、壁打ちでヒントをもらうことで希望を見いだしたこともありました。

壁打ち後の生徒のふり返りには、「正直このアイデアは実現不可能だと思っていたが、少し方向性を変えるだけで実現可能なのかもしれないと思った」などのコメントが見られました。一方で、「データを集めて整理すべき」「課題、理想状態、アイデアが結びついていない。課題解決に効果的なアイデアを再考すべき」と

の厳しい意見をもらい、アイデアを一から再考しなければならない班もありました。やはり、長期的なプログラムになると、最初に考えていた課題や理想状態から乖離してしまいがちで、課題に対する効果的なアイデアとなっていない班が多かったように感じます。これは、今後の2年生で実施するKOKOJIMANで改善していく必要がある点です。

実現可能性という視点は、生徒がこれから探究と向き合っていく中で必ず必要な視点です。自由なアイデアの創出は中学生ならではの強みではありますが、彼らがこれから向き合っていく社会では実現可能性が常につきまといます。このタイミングでその視点を学ぶことは、今後の探究活動において大きな意味をもつと思います。たとえ今回のKOKOJIMANのプログラムで功を奏しなくても、今後の探究活動でアイデアを創出する際に、実現可能性という視点を生かしてくれればいいと思います。

④探究ＤＡＹ（ポスターセッション）

KOKOJIMANの授業自体は2学期で終了です。しかし、KOKOJIMANの最終的なアウトプットはポスターセッション形式で、2月探究ＤＡＹで行います。ポスターセッション形式にしたのは、総合探究に向けて、生徒の中でアウトプットの選択肢を増やすためです。３年生の総合探究になったときに、自分たちの探究活動を伝える最適なアウトプットを選択できることを目指し、１年生から多様なアウトプットに触れられるように探究チームでは工夫しています。１年生では、Googleスライドや動画というデジタルなアウトプットやスケッチという創造的なアウトプットを経験します。２年生では、ポスターセッションというアナログなアウトプットを経験します。そうすることで、それぞれのアウトプットの利点、欠点を知り、３年生で自身の探究活動を伝える最

適なアウトプットを選択できるようになります。

ポスターセッションでは、全41班を10教室に割り振り、ポスター前に集まってきたゲストに対して発表をします。生徒たちは長期にわたって一生懸命考えてきたアイデアを、誇らしげにゲストに向けて発表していました。発表は、質疑応答も含めて1回8分で、合計4回程度行います。各班、3～5人の班なので、全4回の発表を分担して行います。発表を分担するのは、生徒が自分たちの班の発表にとどまらず、他の班の発表の見学もして気づきを得るためです。生徒は、友だちの発表を楽しそうに聞きながら、「こんな視点があったんだ」「こんな発想があったんだ」と気づきを得ることができます。探究ＤＡＹ後の生徒のふり返りでも、「自分たちの班にも取り入れたいアイデアがあった」などのコメントもありました。

探究ＤＡＹでは、ポスターセッションの後に、全体発表会を行います。1年生から3年生まで全員が集まった中で、全41班の中から代表として発表する2班を担当者が選出します。広いアリーナでポスターを見せるのは難しいので、アイデアをまとめ直したパワーポイントを大型スクリーンに投影しながら発表をします。代表班に選ばれた生徒は、うれしそうに堂々と自分たちのアイデアを発表します。一方で、選ばれなかった班の中には、全体発表会の後に、「私たちの班も発表したかったです」と残念そうに言ってきた班もありました。生徒にとっては、8か月にもわたって一生懸命考えてきたアイデアに自信があったのでしょうか。それほど前向きに探究活動に取り組んでいたことが伺えた気がしました。

2023年度2月に選出された2班のアイデアを紹介します。

1つ目は、「黒姫高原スノーパークを救おう！　地域振興×黒姫高原スノーパーク×雪アート」と題して、黒姫高原スノーパークの利用客が少なかったり、知名度が低かったりする現状に対して、様々な人が利用できて、全国で有名なスキー場にするために、環境に配慮した雪用蛍光水を用いた雪アートを提案した班です。黒姫高原スノーパークがすでに行っている対策に加えて、新しい中学生視点でのアイデアを提案し、現地の方もうならせました。

2つ目は、「そ〜らを自由に飛びたいなー♪（空飛ぶタクシー）　交通インフラ×移動×空飛ぶタクシー」と題して、長野農村合宿で訪れた長野の土地の特徴を分析し、新しい交通手段を提案した班です。長野県でも、高齢者ドライバー運転事故が増加しており、山道が多く坂が急であるなど運転のしにくさを感じていました。そこで、はじめの10年間ですでに所持している自家用車に自動運転機能をつけられる装置を貸し出して、たまった資金で10年後に空飛ぶタクシーを導入するアイデアを提案しました。さらに、高額になるだろうと想定される維持費をどのように節約するか、事故防止のために空飛ぶタクシーに自動操縦機能はつけられないか、などと多角的な視点でアイデアを吟味する姿が印象的でした。

これらの生徒の様子を見ると、発表の機会を設けることは重要と言えるでしょう。発表の機会は、生徒のプレゼンスキルの発展につながるという面もあります。しかし、何より生徒は自分たちががんばってきたことを人に伝えたいのです。その気持ちを昇華するという意味でも、発表の機会は大きな意味をもつと感じます。

※1　後藤芳文、伊藤史織、登本洋子『学びの技　14歳からの探究・論文・プレゼンテーション』（玉川大学出版部）

※2　稲垣忠『探究する学びをデザインする！　情報活用型プロジェクト学習ガイドブック』（明治図書出版）

探究ⅠT（1学期）

本質的問題から解決すべき課題を定義し、解決のためのアイデアを練ろう

横山浩司

1　単元の概要とねらい

①単元の概要

２年生１学期の探究ＩＴでは、データの扱い方を知ることで、意見やアイデアに根拠を備えることの有用性を学びます。１年生では、デザイン思考によるアイデア創出の場面を経験し、また様々なＩＴツールで遊びながら学びます。３年生の総合探究「理工系の知識で社会課題の解決を目指す」プログラムにつながる学年として、２年生ではデータサイエンスを学びます。この単元は、①Big Data ×解析の作法、②Needs & Seeds ×自然言語処理、③Data Analysis ×仮説の立て方、④Data Analysis ×仮説の根拠、⑤

Technovation（テクノベーション）×本質的課題の見つけ方、という5回の授業プログラムに分けて実施します。生徒は、オープンデータから様々な意見や感想をもちます。身近なことや、なんとなく知っていた事象について、大量のデータに触れることで、「わかるためのデータ」を知り、意見や疑問から仮説を立てます。そこから「つくるためのデータ」の収集過程でデータの分析や解析手法を学びながら社会的課題に対する「問い」を立てます。そして、生徒たちはその「問い」を解決するためのアイデアを考えますが、そのアイデアがすでに実行（失敗）されていないか、記事や論文などの定性データを扱いながら検証します。本単元では、オープンデータe-Stat、RESAS、ストックマーク株式会社が開発した自然言語処理による検索エンジンAstrategyを用いて実施しています。

②単元のねらい

単元のねらいは3点です。

1 オープンデータに触れ、データの見方や処理技法を学ぶこと
2 データから仮説を考えることができること
3 本質的問題から解決すべき課題を定義し、解決アイデアの創出を行うこと

2 単元指導計画とルーブリック

データを考えや主張の根拠とするために、知識・技能を段階的に学びます。

まずは複数のツール（e-Stat、RESAS、Astrategy など）の使い方を学びながら、データから意見をもち、仮説へと発展させます。次に、立てた仮説の根拠となる関係データを収集、整理することを学びます。そして、仮説から問いを立てます。ここで、仮説から問いを考える際に、本質的な問題点かどうかが重要となります。そこで、問いが解決した理想的状態を考え、その状態に至っていない理由（解決すべき課題）を定義します。そして、課題を解決するためのアイデアを創出し、発表を通して、他から意見をもらいます。

回	タイトル	概要
1	Big Data ×解析の作法	オープンデータに触れ、必要なデータを収取する
2	Needs & Seeds ×自然言語処理	Astrategy を用いて市場のトレンドを探る
3	Data Analysis ×仮説の立て方	テーマワードについてのデータを収集し意見から仮説を立てる
4	Data Analysis ×仮説の根拠	立てた仮説の根拠となるデータを収集、分類、整理、取捨選択し発表する
5	Technovation ×本質的課題の見つけ方	事例から本質的問題点を探る 解決すべき課題を定義し解決アイデアを創出する

Needs & Seeds ×自然言語処理

評価観点	目標項目	A（想定以上）	B（想定通り）	C（やや想定以下）	D（想定以下）
主体性	主体性	Astrategy を用いて、ブルーオーシャンとレッドオーシャンを見つけることができ、Astrategy の有用性を感じることができた	Astrategy を用いて、ブルーオーシャンとレッドオーシャンを見つけることができた	Astrategy を用いて、ブルーオーシャンかレッドオーシャンの一方を見つけることができた	Astrategy を用いて、ブルーオーシャンやレッドオーシャンを見つけることができなかった
知識・技能	操作技能	Astrategy の使い方：トレンド、市場構造を使って比較することができ、and 検索や or 検索をすることができる	Astrategy の使い方：トレンド、市場構造を使って比較することができる	Astrategy の使い方：トレンドか市場構造を使って比較することができる	Astrategy の使い方：よく使い方がわからなかった
思考力判断力表現力	仮説	ブルーオーシャンとレッドオーシャンを発見し、それぞれ実際にどのように Seeds を活用できるか２件考えることができた	ブルーオーシャンとレッドオーシャンを発見し、それぞれ実際にどのように Seeds を活用できるか１件考えることができた	ブルーオーシャンとレッドオーシャンを発見し、少なくとも一方について、実際にどのように Seeds を活用できるか１件考えることができた	ブルーオーシャンとレッドオーシャンを発見したが、Seeds の使い方はわからなかった。もしくは発見できなかった

Data Analysis ×仮説の立て方

評価観点	目標項目	A（想定以上）	B（想定通り）	C（やや想定以下）	D（想定以下）
思考力判断力表現力	問題点を多く考えることができたか	次世代の「●●」について問題点を複数あげることができた	次世代の「●●」について問題点を１つあげることができた	次世代の「●●」について問題点をあげることができなかった	
思考力判断力表現力	本質的問題の再設定について自分の考えを表現できたか	班で本質的問題の候補を１つ見つけることができた	班で問題から読み替えをすることができた	班で問題を読み替えたり、本質的問題を見つけることができなかった	
思考力判断力表現力	課題定義ができたか	本質的問題をもとに、リフレーミングをしながら課題を定義することができた	本質的問題をもとに、課題を定義することができた	本質的問題をもとに、課題を定義することができなかった	
思考力判断力表現力	解決アイデアを発想できたか	解決アイデアを複数つ考えることができた	解決アイデアを１つ考えることができた	解決アイデアを１つ考えることができなかった	
主体性	４人で協力できたか	４人で意見を出すときに、肯定する言葉を使って議論でき、自身もアイデアなどを発言することができた	４人で意見を出すときに、肯定する言葉を使って議論できた	４人で意見を出すときに、肯定する言葉を使って議論できなかった	

Data Analysis ×仮説の根拠

評価観点	目標項目	A（想定以上）	B（想定通り）	C（やや想定以下）	D（想定以下）
思考力判断力表現力	操作技能	データを見て、それぞれ１つ以上の事実を考えることができた	データを見て、事実を１つ考えることができた	データを見て、事実に気づくことができなかった	
思考力判断力表現力	仮説の根拠	班で仮説の根拠を複数見つけることができた	班で仮説の根拠を１つ見つけることができた	班で仮説の根拠を見つけることができなかった	
思考力判断力表現力	仮説	班で仮説を複数立てることができた	班で仮説を１つ考えることができた	班で仮説を１つも考えることができなかった	
思考力判断力表現力	ビジョン	班で妥当な仮説を選んだうえで、ビジョンを立てることができた	班でビジョンを１つ考えることができた	班でビジョンを１つも考えることができなかった	
思考力判断力表現力	問い立て	仮説をもとに、班で問いを複数立てることができた	仮説をもとに、班で問いを１つ立てることができた	仮説をもとに、班で問いを立てるように話し合うことができた	

3　学習の実際

①第3回「Data Analysis ×仮説の立て方」

このプログラムのために、第1、2回のプログラムでオープンデータの見方やデータの収集技能を学びました。生徒は、データから思い思いの意見や疑問をもちます。その意見や疑問から仮説を立てます。しかしながら、仮説設定は容易ではありません。そこで、例題を通して仮説設定の練習を行います。「このままだとどうなる?」「何が原因?」と問うことで、生徒はデータから得た意見や疑問について深く考え始めます。深まった考えを仮説の卵として、その妥当性や検証可能性まで話し合わせることで、班の「推し仮説」を設定します。この過程でもデータを用いて検証する機会を設けることで、生徒たちが自発的にツールを使うようになります。

②第4回「Data Analysis ×仮説の根拠」

この時間では、前回で学んだ仮説設定を実際に自分たちで行います。オープンデータ

（RESAS）を用いて、病院の推計の10万人あたりのデータを基に生徒自身が気になる4つの都道府県の推移グラフを作成します。生徒は集めたデータから多くの意見や疑問をもって仮説の卵を考えます。そして裏づけられる根拠を探します。発散と収束を繰り返しながら、また、根拠となるデータを付帯させながら仮説設定を行います。ここでの班活動は生徒が主体的に議論を進められるように教員はファシリテートします。班で議論する際にも、データが根拠して有用であることを知ってほしい意図があります。そして、仮説から「問い」を立てます。この際に、理想的状態を考えることが大切です。そこから「問い」が生まれます。2022年に実施した本授業では、「日経テクノロジー展望2022　世界を変える100の技術」から選んだワードを提示し、そのワードに関するニュース記事や他の定性データから仮説を立てる内容でした。しかし、記事自体が難しく、単語の意味調べに多くの活動時間を費やしてしまった反省から、2023年度ではテーマを医療・福祉分野の病院の推計の10万人あたりのデータとしました。今回の目

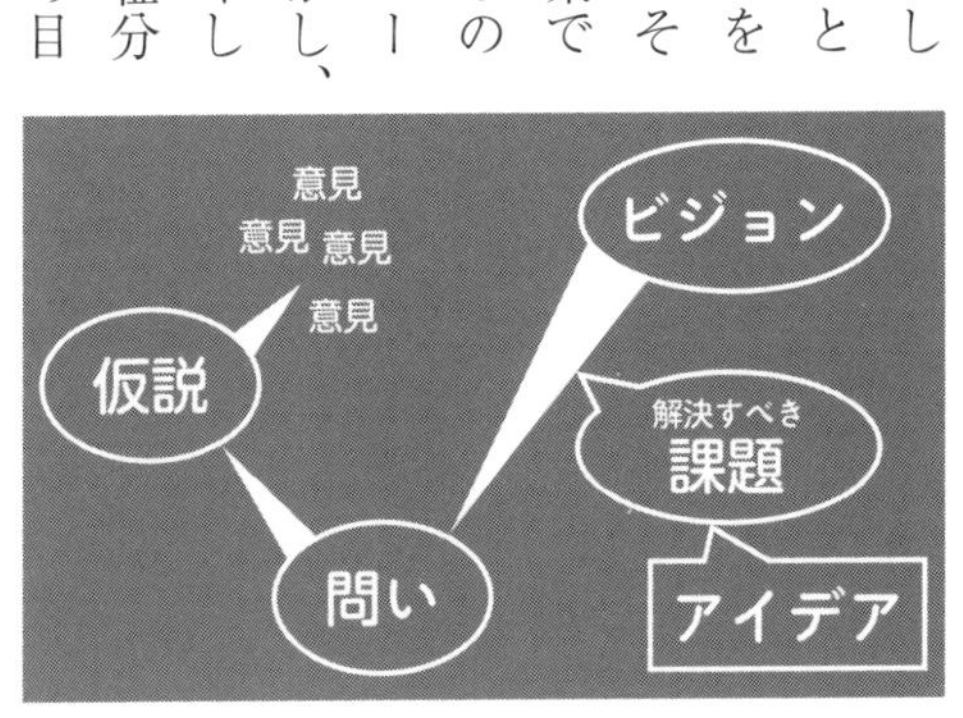

的を前後のプログラムと関連させながら明確にすることで、生徒に、何ができるようになってもらいたいのかを見失わずにいられました。

すでに現代社会では、中学生でも情報やデータとの距離が近くなっています。分析しようとする問題そのものについての理解が必要であり、何らかの目的をもった文字や記号、数値などを収集し、分類、整理、成型、取捨選択したうえで解釈し、価値ある意味を見いだす経験を得てほしいとの思いを込めたプログラムになっています。

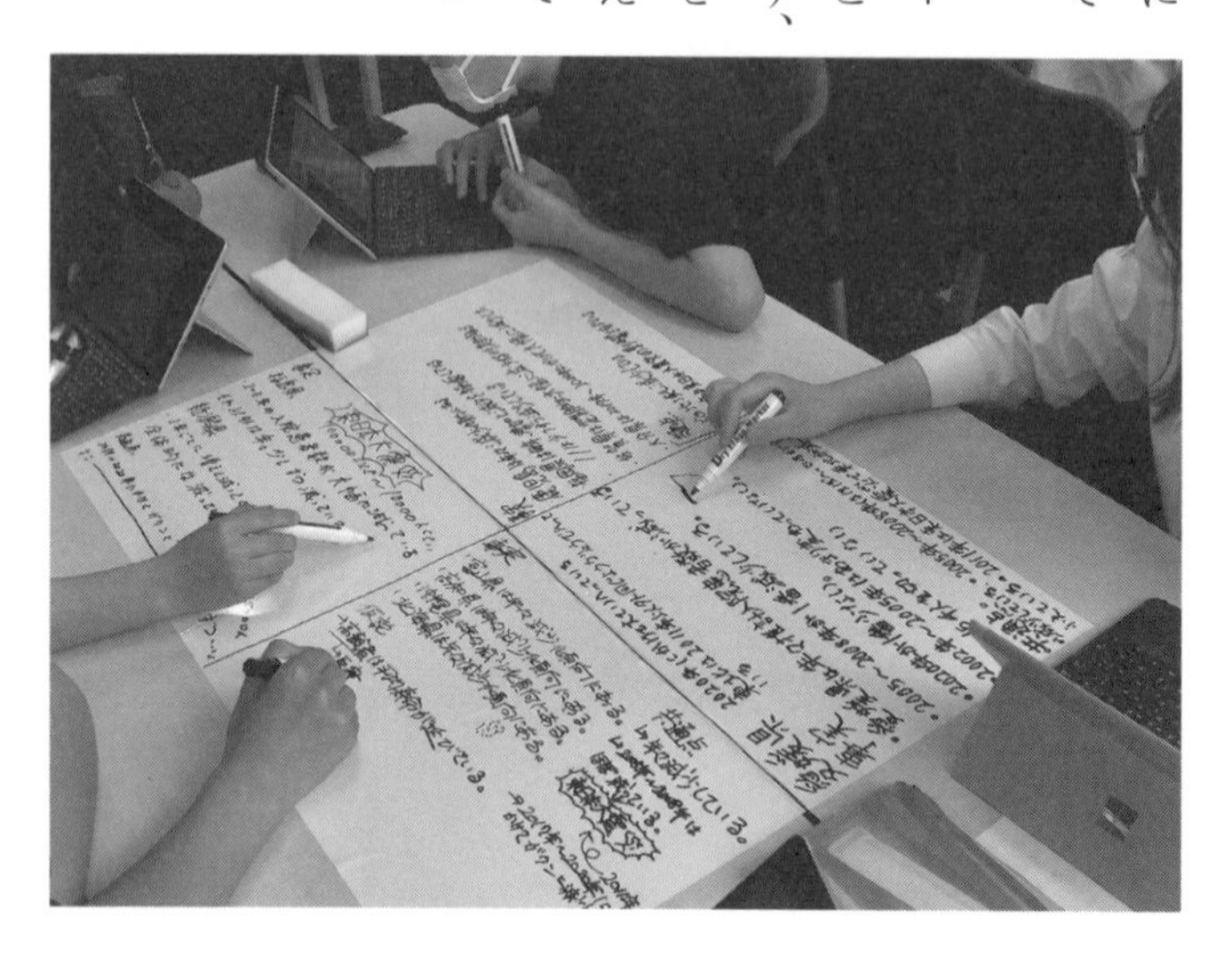

③第5回「Technovation×本質的課題の見つけ方」

このプログラムも、これまでのプログラムと関連性が高いものです。第1回から第4回までのプログラムがデータを用いた「問い立て」に重きを置いていたのに対して、今回は「問い」から「解決アイデア」の創出プロセスについて学ぶことに重点が置かれます。

例えば、１９７０年代のテレビ、携帯電話は２０２３年ではどのように進化したでしょうか。また、１９００年ごろのヨーロッパ中心街の道路では馬車が一般的でしたが、１９１０年代になるとそのほとんどが自動車となっています。これらのように、テクノロジーが進化した背景には、不便さや改善してほしい点（本質的な問題点）があったはずです。その本質的な問題を考察し、発表します。

このプログラムでは、ユーザーが常に感じる問題（表面的問題）から根本的に解決しなければいけない問題（本質的問題）を考えることで、真に解決しなければいけない課題を

見いだします。その課題を解決するためのアイデアでなくてはいけません。

　このプログラムは2021年に「テクノロジー&イノベーション」という授業名で始まりました。1970年代の家電CMを視聴し、現在ではそれらがどのように進化しているか、進化した理由（本質的問題）を考え、発表するプログラムでした。2023年度からは、そこから前後のプログラムとの関連性をより明確にし、改良を行いました。あるテーマにおいて理想的な状態に至っていない現状から、
・本質的な問題点の把握
・解決すべき課題の定義
の2つを生徒が見いだすことを目標にしたプログラム設計を行いました。

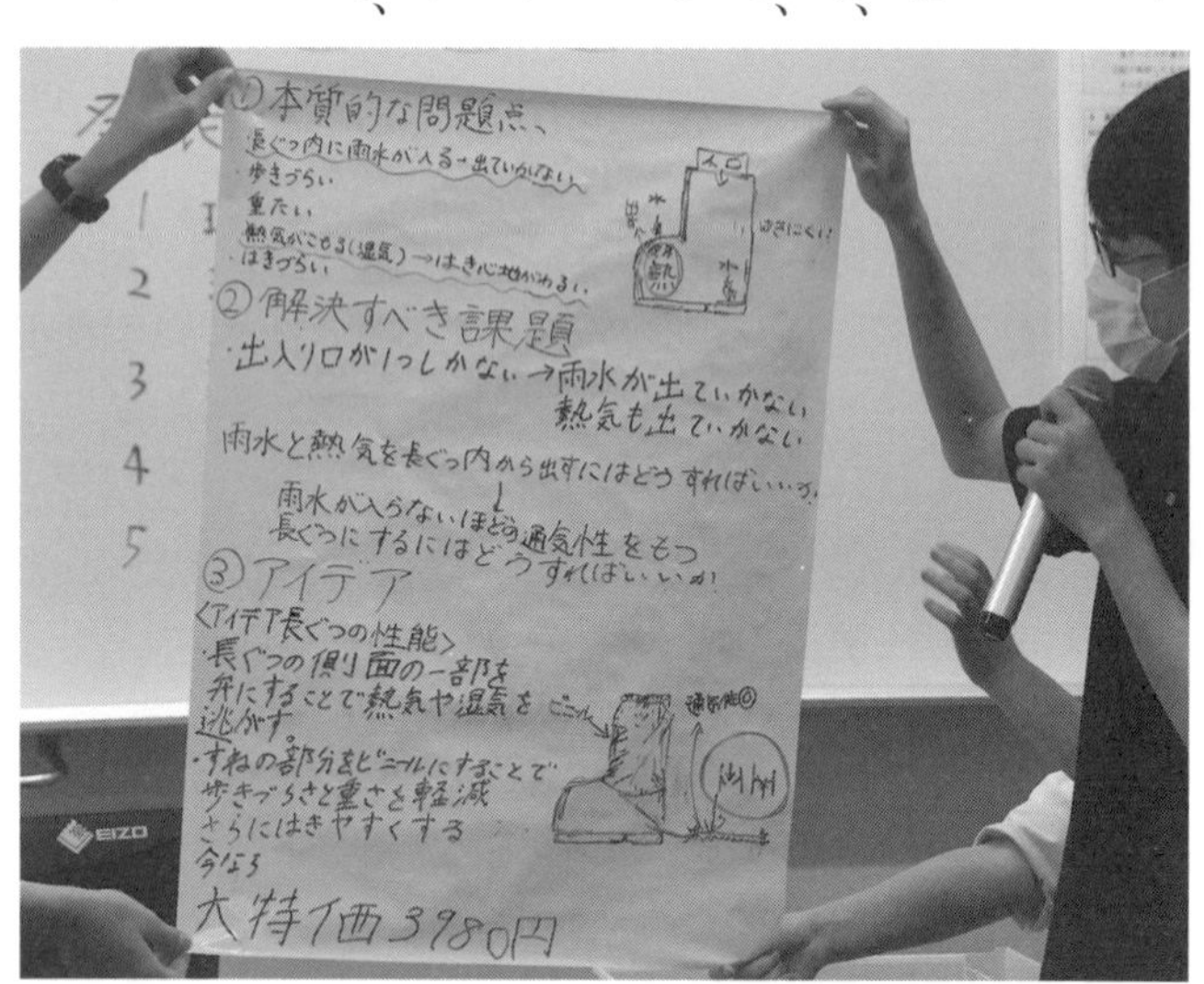

実際の生徒のアイデアの1つ「長靴バージョン1.1をつくる」をご紹介します。この班は、現在一般的に使用されている長靴を、もっと履き心地のよいものにしたいと考えました。私たちは普段、当たり前だと思ってしまうことで、問題点や課題、改善案を考える機会を逃してしまいがちです。現在の多くの長靴は、雨水が入り込んだり、湿気がこもったりすると長靴内の水はなかなか抜けず、気持ちの悪い状態が続き、それを我慢しなければなりません。このことを本質的な問題点と捉えました。そして、その問題点を解決するための課題として、長靴内の水分や湿気を外に逃がす機能の構築、と定義しました。ここまで議論が進むと、その課題の解決に向けたアイデア創出の場面では生徒らしい斬新でおもしろいアイデアがいくつも出てきます。その実行・実現可能性はひとまず置いておき、どんどんアイデアを発散させます。ある程度のアイデアが出尽くすと、班の中で自然にアイデアの収束が行われ、最終的にいくつかに整理されたアイデアが提案されます。

この授業では、テーマを見つけ、本質的な問題点を把握することを目標としたプログラムの中で、その解決すべき課題をしっかりと定義し、解決アイデアを創出するプロセスを経験します。また、班の活動を通して協働性や発表スキルへの気づきを促します。

探究ⅠT（2学期）

定性データ・定量データを分析して、課題解決のためのアイデアを創出しよう

横山浩司

1　単元の概要とねらい

①単元の概要

このプログラムは、オープンデータを用いたデータ分析を取り入れて、1学期に学習、体験してきたこと（データ分析・解析）を利活用したPBLです。

PPDACサイクル（Problem・Plan・Data・Analysis・Conclusion）を基軸に全時間を5つのフェーズに分けて実施します。段階的に、データを用いた「問い立て」「課題定義」「アイデア創出」「プレゼン」「考察」の活動を促します。また、頻繁に生徒間や生徒と教員の間で創造的対話を促すことで、生徒の協働性と自走を刺激します。

特に重きを置いているのは、「データを用いて『問い』を立てる技術を学ぶ」ことです。オープンデータから興味・関心のある事例についての「意見や疑問」を出発点として、思考法を活用して「仮説」へと発展させ、班でさらにデータを根拠とした「問い」へと深化させます。

そのうえで、定性データ・定量データを用いて現状分析することで「解決すべき課題」を定義する力を養い、そこから課題解決のための「アイデア」を創出します。

そこからさらに班ごとに教員に事前プレゼンすることで「アイデアの考察」を行い、自分たちの分析・主張を見直します。常にデータの必要性や有用性を実感することができる活動です。

②単元のねらい

単元のねらいは６点です。

1　オープンデータから班で興味・関心のあるテーマを決め、意見をもつこと

2　１学期の学習をなぞり、データを用いながら、意見↓仮説↓問いを立てる、サイクルを意識（実行）すること

3　問いに対する理想的状態をイメージした本質的な問題を考え、解決するための課題を定義すること

4　課題を解決するためのアイデアを創出すること

5　他の意見やメタ的な視点でアイデアを考察し、深める活動ができること

6　協働性をもって活動すること

2　単元指導計画とルーブリック

この「社会課題の解決のためのデータサイエンス」プログラムは、1学期に実施した「データ分析・データ解析」の内容を発展的にしたプログラムです。オープンデータから生徒自身が興味・関心のある分野・テーマを決めます。

教員が与えたテーマについての探究は思考プロセスを学ぶうえで

回	タイトル	概要
1	データサイエンス①	研修分野・テーマ決め、問い立て
2	データサイエンス②	仮説・問いの検証とデータ整理 課題定義と解決アイデアの創出
3	データサイエンス③	アイデアの点検と発表の準備
4	データサイエンス④	プレゼンテーション

は有用ですが、今回のように生徒自身が探究分野やテーマを決めることは教材としてもチャレンジングな側面をもちます。しかし、生徒の興味から発信した探究は高いモチベーションをもって取り組める効果をもっています。

大切なことは、教員がファシリテーションをしながら学習した思考プロセスの習得を目指すことです。そして、データの有用性を実感してもらうことです。

データサイエンス①問いの立て方

評価観点	目標項目	A（想定以上）	B（想定通り）	C（やや想定以下）	D（想定以下）
知識・技能	操作技能	e-Stat から見たいデータを３つ以上 RESAS から見たいデータを３つ以上検索することができた	e-Stat から見たいデータを１～２つ RESAS から見たいデータを２つ検索することができた	RESAS のみから見たいデータを２つ検索することができた	RESAS のみから見たいデータの検索が１つ以下だった
主体性	意見をもつ	データから自分の意見・疑問を２つ以上持つことができた	データから自分の意見・疑問を１つ持つことができた	データはあまり見れなかったが、自分の意見・疑問を１つ持つことができた	自分の意見・疑問を持つことができなかった
思考力 判断力 表現力	データ収集	意見に対して必要なデータを３つ以上集めることができた	意見に対して必要なデータを２つ集めることができた	意見に対して必要なデータを１つ集めることができた	意見に対して必要なデータを集めることができなかった
思考力 判断力 表現力	問い立て	集めたデータを基に意見から問いを立てることができ、他のデータからさらに問いを深化させることができた	集めたデータを基に意見から問いを立てることができた 問いの深化はできなかったが問いを立てた後さらに他のデータを収集できた	集めたデータを基に意見から問いを立てることができた	問いを立てることができたが、意見との違いがよくわからない

データサイエンス②問いの深化と課題定義・アイデア創出
データサイエンス③アイデア創出と考察

評価観点	目標項目	A（想定以上）	B（想定通り）	C（やや想定以下）	D（想定以下）
知識・技能	データの可視化	問いに対するデータをわかりやすい形に編集することができた 新たなデータを探索し編集することができた	問いに対するデータをわかりやすい形に編集することができた	同じ班のメンバーが問いに対するデータをわかりやすい形に編集するのに協力した	同じ班のメンバーが問いに対するデータをわかりやすい形に編集したのを見ていた
思考力 表現力 判断力	現状調査	問いに対する現状分析のため関連する定性データ３つ以上集めることができ、新規性のある問いを立てることにつながった	問いに対する現状分析のため関連する定性データを３つ以上集めることができた	問いに対する現状分析のため関連する定性データを１～２つ集めることができた	問いに対する現状分析のため関連する定性データを探すことができなかった
思考力 表現力 判断力	課題定義	問いを解決するための課題を複数設定することができ、その中からメンバーの合意を得て１つに定義することができた	問いを解決するための課題をメンバーの合意を得て１つ定義することができた	問いを解決するための課題をメンバーで話し合うことができたが、１つ定義するには至らなかった	問いを解決するための課題をそれぞれで考えたがメンバーで話し合うまでは至らなかった
思考力 表現力 判断力	考察	アイデアに対する阻害要因、効果性、社会的意義、内発的動機のすべてに根拠となるデータを収集し提示することができた	アイデアに対する阻害要因、効果性、社会的意義、内発的動機のいくつかは根拠となるデータをつけて提示することができた	アイデアに対する阻害要因効果性、社会的意義、内発的動機に根拠となるデータはつけていないが話し合い提示することができた	アイデアに対する阻害要因効果性、社会的意義、内発的動機を考えることができた
協同性	記録	ワークシートとプレゼンスライドの両方をメンバーで協力して編集するることができた	ワークシートとプレゼンスライドのどちらかはメンバーで協力して編集したが、一方は決まった人だけが作業する姿があった	ワークシートとプレゼンスライドの両方を決まった人だけが作業する姿があった	ワークシートとプレゼンスライドの両方とも協力して編集できず、計画している箇所まで作業も進まなかった

データサイエンス④発表・議論

評価観点	目標項目	A（想定以上）	B（想定通り）	C（やや想定以下）	D（想定以下）
主体性	他者への意見	他の班のスライドから意見を複数もつことができ、質疑時間に応答することができた 他の質疑応答に興味を持って聴くことができた	他の班のスライドから意見を複数もつことができたが、質疑時間に応答することはできなかった 他の質疑応答に興味を持って聴くことができた	他の班のスライドから意見をもつことができなかったが、他の人の質疑応答を興味を持って聴くことができた	他の班のスライドから意見をもつことができなく、また他の人の質疑応答に興味を持って聴くことができなかった
協同性	協同性	スライドの作成、発表のスキル（声の大きさ、テンポ、目線、姿勢など）を班で協力して行え、チームでのプレゼンに十分満足している	スライドの作成、発表のスキル（声の大きさ、テンポ、目線、姿勢など）を班で協力して行え、チームでのプレゼンにある程度満足している	スライドの作成、発表のスキル（声の大きさ、テンポ、目線、姿勢など）を班で協力して行ったが、チームでのプレゼンに課題を感じている	スライドの作成、発表のスキル（声の大きさ、テンポ、目線、姿勢など）が特定の人に偏り、チームでのプレゼンになっていなかった
思考力 表現力 判断力	質疑応答（発表者側）	チームとして他者からの意見や質問に対して、根拠のある回答や提示が自信をもって十分できた	チームとして他者からの意見や質問に対して、回答や提示はできた	チームとして他者からの意見や質問に対して、未回答のものがあった	チームとして他者からの意見や質問に対して、すべて未回答であった
主体性	知的好奇心	今後、データサイエンスの外部コンテストにテームをつくり、出場してみたいと強く思う	今後、データサイエンスの外部コンテストに出場してみたいと思う	今後、誘われればデータサイエンスの外部コンテストに出場してもいいと思う	データサイエンスの重要性は感じるが、難しくコンテストなどには興味がない

3　学習の実際

①第1回「データサイエンス①」

本校は3学期制のため、この授業は夏休み明けの最初の授業となります。そこで、1学期に取り組んだことの復習から始めます。データサイエンスに必要なスキルを次の通りに定義し、生徒には1学期の活動を思い出してもらいます。

・情報（定量・定性）を扱う、分析するスキル
・ニーズ思考とシーズ思考
・仮説を立てるスキル
・上手な問い立てのスキル
・本質的な問題に気付けるスキル
・アイデア創出のスキル

そして、生徒はオープンデータを見て、探究したい分野・テーマを自由に決めます。普段から気になっていた分野にアプローチする生徒や、過去に調べた分野に再度取り組む生

徒など様々です。分野やテーマが決まったら、関連するデータを見ながら、なるべく多くの意見や疑問を書き出します。そこから仮説を立て、理想的状態を考えます。

1学期は医療・福祉の分野における病院の推移というテーマを指定し、そこから仮説を立て、どうなることが理想的状態かを考えてきました。その経験が生かされ、多くの生徒は仮説の設定と理想状態を考えることができます。もちろん、教員がサポートにつきますが、基本的には生徒の頭の中の考えを引き出すことを目的とした声かけ（質問）に専念します。しかし、その後の問いを立てることが難しく、途中で振り出しに戻る生徒もいましたが、最後は各自が問いを立てることを目標とします。

②第2回「データサイエンス②」

この時間は、前回立てた問いの再考から始めます。仮説の根拠となるデータの収集、問いに関連する情報データの収集を行います。どのようなデータを集めるとよいのか、グループや教員と話しながら少しずつデータを集めます。その過程で、データを整理しながら取捨選択し、立てた問いを客観的に見られるようにしていきます。そして、教員に中間報告を行い、大き過ぎる問いに対しての見直しをアドバイスします。ある班は「感染対策としてワクチン接種をしても新種のウイルスに対応できない」という問いを立てました。この問いに対する本質的な問題点はとても難しく、専門性が高いことから、話し合いを通して、ワクチン開発や普及に向けた募金について「募金や寄付を増やせないか」という問いに変化しました。そして、募金が増えない本質的な問題として「募金・寄付した際のメリットを感じにくい」としました。

この本質的な問題が定まると、解決すべき課題の多くが自然発生的に明示されます。そして、その課題を解決するためのアイデアは中学生らしく自由な発想で出ます。

しかし、ここで「そのアイデアはすでに実施（失敗）されていないか？」という検証が大事になります。

③第3回「データサイエンス③」

この時間でアイデアの点検を行います。他の班の研究を聞き、質問や意見を聞きます。これも大事な定性データとしてフィードバックします。そしてここでも活躍するのがAstrategyです。世界における記事や論文を市場ごとに分類しているので、生徒は自身のアイデアがすでに実行済みのものかなどの検証ができます。班の意見交換後は各班の研究をスライドにまとめる時間となります。

「募金や寄付を増やせないか」という問いを立てた班は、その後の議論やデータ収集を経て、ワクチン開発や普及のための資金を集めるために「けんこう募金」の仕組みを考える、というアイデアを提案しました。問いや本質的な問題を明確にし、解決アイデアを提案するまでのプロセスを経験することが

できたと言えます。

④第４回「データサイエンス④」

分野・テーマを決めることから始まり、問いを立て、課題を解決するためのアイデアを考えてきました。ここまでのプロセスを発表形式でアウトプットします。

まず、発表前に他の班の発表原稿を読む時間を設けます。これは、事前に発表する内容を把握したうえでプレゼンテーションを聞くことで、意見や質問（疑問）をしっかりともたせる効果があります。実際に発表後の質疑応答は大変盛り上がります。１班の発表時間は５分です。その限られた時間内で自分たちの主張をしなければいけません。PPDACサイクルや思考法に基づいた理論構成とグラフや数値、定性データなどを用いたプレゼンは、１年生からの大きな成長を感じさせてくれます。

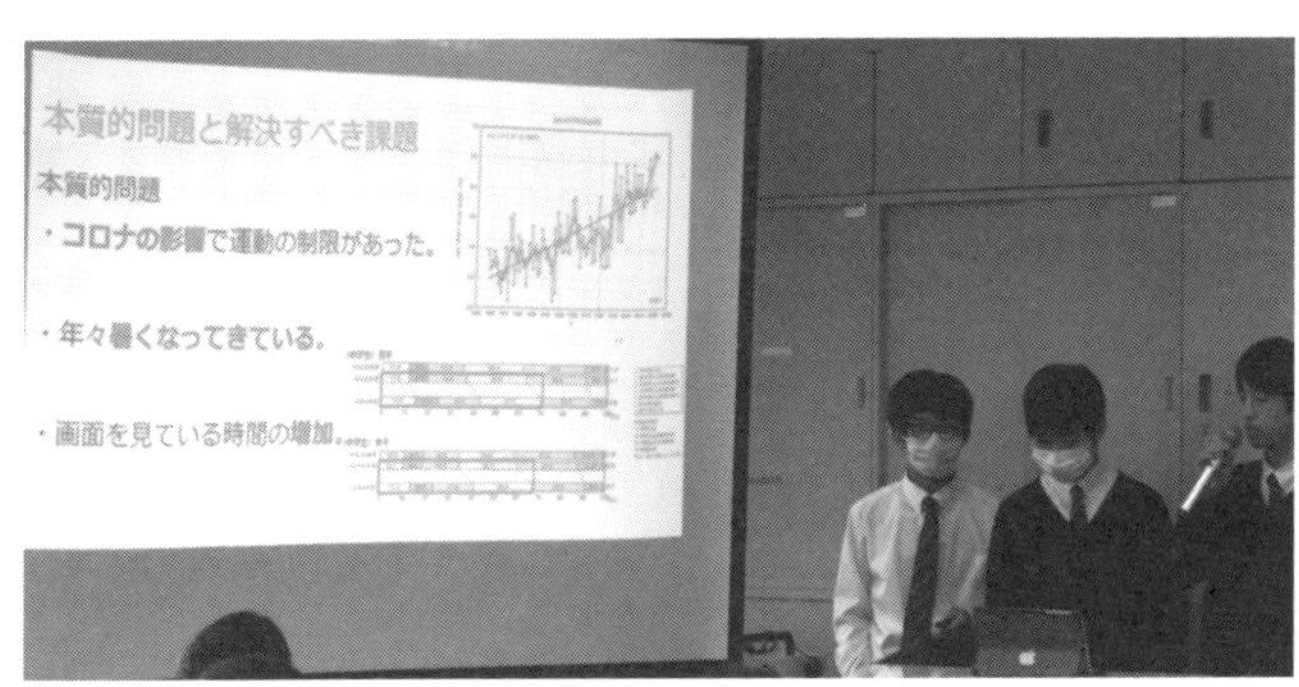

探究GC（3学期）

D&Iスポーツ、ボッチャに匹敵する新競技を考えよう

金森千春

1　単元の概要とねらい

①単元の概要

2年生3学期の探究GCは、ダイバーシティ&インクルージョン（以後D&I）について考えるきっかけのPBLを行います。GCが大切にする多様性の視点をふまえて、メジャーなインクルーシブスポーツ、ボッチャの体験を出発点として、探究学習が始まります。ボッチャを出発点としたのは、GCのプログラムを設計する過程で、教員でJICA地球ひろば（東京都市ヶ谷）を訪問した際に、ボッチャを体験する機会を得て、魅力と可能性を感じたことがきっかけです。生徒が実際に体験をすることで、座学だけではなく、五感

を使って思考を深めることができると考えたからです。

隔週の授業のため、３学期は実質２コマの授業×３回（授業１コマ50分）しかありません。前学期までのKOKOJIMANとは異なり、短い時間の中で深い探究学習を行うことを目指します。授業時間確保のために12月解答解説日（期末考査返却の特別時間割）を活用し、深い学びのために授業担当者がＤ＆Ｉについて調べて伝えるのではなく、ボッチャを広める活動をする専門家BOCCIA BASE TOKYOに依頼し、体験を行います。

このＰＢＬの最終アウトプットは、芝浦＋BOCCIAでSHIBACCIA（シバッチャ）というインクルーシブなスポーツを考案することです。

②単元のねらい

単元のねらいは３点です。

1 Ｄ＆Ｉというデリケートなテーマについて、五感で体験し、楽しめる活動を生かしてＰＢＬを経験すること

2 デリケートなテーマについて自分の考えを述べたり、他者の考えを聞いたりすることをタブー視せずに対話ができる関係性と空間を構築すること

3　ボッチャを広める人の視点、自分の視点、当事者の視点に思いを馳せ、思いを知ることにより、D＆Iについて理解を深め、自分なりの考えをもつこと

2　単元指導計画

SHIBACCIAは、ミッションを「D＆IスポーツBOCCIAに匹敵する新競技SHIBACCIAを考えよう」、問いを「D＆Iが達成された社会はどのような社会になっているか」としました。3回の授業で単元のねらいを達成するために教員で内容を厳選して授業を設計しました。特に「困っている人がいるから手助けをしましょう」といったステレオタイプの道徳観を生徒に示し、その方向に導いてしまうような授業にならないよう留意しました。また、当事者のオモイを知る第2回では、生徒が当事者を探す時間を省き、オモイを知ることに注力できるように教員で設定しました。短期間で思考の

回	タイトル	概要
12月	やってみる【広める人の視点】	ボッチャを体験し、D＆Iスポーツとしての魅力や技のすごさを知る
1	セカイを知る【自分の視点】	D＆Iへのイメージや考えを自己認識する
2	オモイを知る【当事者の視点】	ボッチャやD＆Iのオモイを聞いて、友だちと対話する
3	ミライを創る【ミライの視点】	D＆Iを実現する新種目SHIBACCIAを考案する

深いＰＢＬのために必要な設計だと考えています。

3　学習の実際

①第1時「セカイを知る」

　ボッチャは２０２０東京パラリンピックでも注目を集めた競技なので、84％の生徒は知っていて、34％の生徒がすでに体験したことがありました。活動を終えて楽しめたかどうかを5段階で質問したところ、「とても楽しかった」64％、「楽しかった」32％、「ふつう」4％という結果でした。「世の中には体が不自由な人がたくさんいてその人と楽しく交流することがスポーツを通じてできるのだなと思いました」「『平等』と『公平』の違いをよく考えたことがなかったけれど、今回のボッチャを通して、その違いを感じることができました。僕は運動神経が人一倍ないので、このような誰でもできるスポーツがもっと増えればいいなと思います」という感想があり、取り組みは大成功だったと言えます。

　本時では、国土交通省の「心のバリアフリー」に関するアンケートを参考に投票アプリ

Kahoot！を使用してクイズ形式で自分の行動を認識することから始めました。そして、平等と公平について考え、日本のD＆Iの現状を調べ、クラス全体で「D＆Iが達成された社会」を定義する、という流れで授業を設計しました。生徒からは「何をするにしろ、知らないと始まらない」「日本はジェンダー平等などの対策が遅れているとは思っていたが、予想以上に世界から遅れていてびっくりした」「何とも言えないことが多すぎて難しかった」といったふり返りが寄せられました。単元のねらいである対話をしながら思考を深める授業になりました。

②第3回「ミライを創る」

「オモイを知る」会でパラリンピアンの方から競技や日常生活の話を聞くことができ、当事者のオモイを参考にしながら4人程度の班でSHIBACCIAを創ってプレーしました。このために授業担当者もSHIBACCIAを創り、プレーする様子を動画にして共有しま

した。ＧＣでは生徒が取り組むことは事前に教員もやってみる文化があります。これは非常によいことで、教員の目線合わせのためにも、よりよい授業設計のためにも自信をもっておすすめします。

生徒は、ランプというボッチャで使用されるアシスティブデバイスを12月に見せてもらったので、どのような支援ツールやルールを駆使するか、真剣に相談していました。ある班は風船がついたヘルメットをかぶって割るゲームを考えました。車椅子を使用する人もそうでない人も車椅子に乗ってプレーできるところに公平さを見いだし、高評価を受けました。「自分たちがこのＰＢＬを始めたときと今で、障がい者に対する捉え方が変わっていることに気づいて驚いた」「この世界には様々な人がいて、その様々な人々も一人ひとり得意不得意や障がいをもっていたりするけれども、その人々全員がほぼ同じ条件で挑むことができるような世界にしたいと思った」というふり返りがあり、難しくデリケートなテーマでしたが、挑戦してよかったと心から感じました。

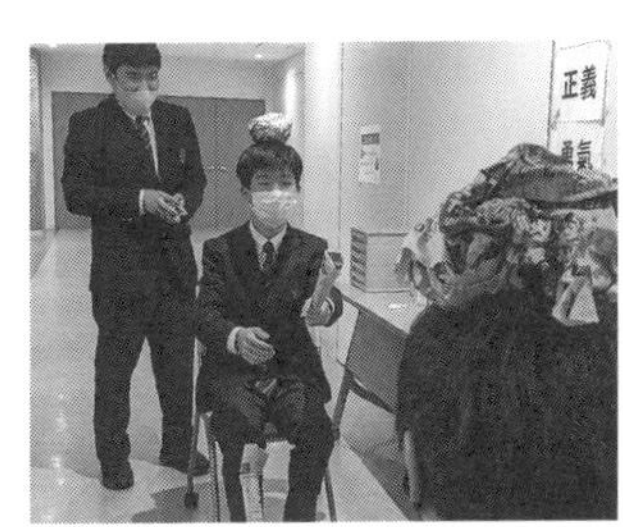

探究ＩＴ（３学期）

企業課題の解決策を考えよう

横山浩司

1　単元の概要とねらい

①単元の概要

２年生３学期の探究ＩＴは、東京メトロとの産学連携プログラムにおいて、これまでスパイラル方式による繰り返し学習、体験してきたＰＢＬで培った力をリアルな企業課題に対して発揮するものとなります。東京メトロサスティナブル推進部の多大なご協力でこのプログラムが実現しています。

東京メトロの４つの部署・部門からそれぞれが抱え対峙する具体的な問題や課題を生徒に提示します。生徒はアイデア創出のための思考プロセスやデータの活用を経て、解決アイデアを考え、東京メトロに提案します。単に探究教材としてだけではなく、客観的視点をもち、企業目線に立った企業にとって価値のある解決アイデアを東京メトロに提案することを目標にしています。

東京メトロからすべての班のアイデアを評価・講評してもらうことで、生徒も新たな発見を得ることができるプログラムです。

②単元のねらい

単元のねらいは４点です。

1　企業課題の本質的問題を理解すること
2　データサイエンスや思考法を有用的に活用し、課題解決アイデアを考えること
3　プレゼンテーション技能の向上を目指すこと
4　協働性をもってテームとして活動すること

2　単元指導計画とルーブリック

本校の最寄り駅は東京メトロ有楽町線の豊洲駅です。多くの生徒が東京メトロを利用しています。しかし、実際の具体的で詳細な企業活動は知らない生徒がほとんどです。

はじめに部署の方から具体的な業務や実態などの説明を聞きます。そして、抱える企業課題について提示されます。簡単に解決できるものではなく、企業側も解決策を模索していることを共有します。

東京メトロ各部署からの企業課題（2023年度実施）

・電気部技術開発担当「電気料金を下げたい」
・車両部車両企画課「お客様に快適な空調環境を提供したい」
・工務部土木課「漏水問題を解決したい」
・工務部建築計画課「地下駅で CO_2 削減に貢献したい」

回	タイトル	概要
1	PBL × IT × Metro（Introduction）	東京メトロ企業課題の提示 本質的な問題と解決すべき課題
2	PBL × IT × Metro（Brush up）	解決アイデアの創出と吟味
3	PBL × IT × Metro（Discussion）	プレゼンテーション準備
4	PBL × IT × Metro（Competition）	コンペティションとふり返り

4章
PBLのカリキュラムデザインの実際②
[中学2年]

① PBL × IT × Metro (Introduction)

評価観点	目標項目	A（想定以上）	B（想定通り）	C（想定以下）
主体性	考える姿勢	メトロの方の講義（課題、実例、データ、数値など）に対して、意見・疑問を2つ以上持つことができた	メトロの方の講義（課題、実例、データ、数値など）に対して、意見・疑問を1つ持つことができた	メトロの方の講義（課題、実例、データ、数値など）に対して、ただ聞くだけに終わり、意見・疑問を持つことができなかった
知識・技能	課題理解	解決するべき企業課題に対して本質的な問題点を複数（2つ以上）考えることができた	解決するべき企業課題に対して本質的な問題点を1つ考えることができた	解決するべき企業課題に対して考えることはできたが、本質的問題点はわからなかった
思考力・判断力・表現力	アイデア創出	リサーチ×ブレストを通し自らのアイデアを考え、根拠や説得力も持たせることができた	リサーチ×ブレストを通し自らのアイデアを考えることができた	リサーチ×ブレストを通し自らのアイデアを上手く考えることができなかった
協同性	協同作業・傾聴	メンバー全員が創造的対話に積極的に参加することができ、また、班の中で役割分担を行い、すすめることができた	対話量に差はあるが全員で対話ができた 何となく自分の役割を決め、すすめることができた	あまりメンバー間で対話ができなかった 自身の役割もあまりよくわからなかった

PBL × IT × Metro (Brush up)

評価観点	目標項目	A（想定以上）	B（想定通り）	C（想定以下）
思考力・判断力・表現力	思考の整理	中間報告において、報告すべき内容（意見・疑問・データ・本質的な問題・解決すべき課題・アイデア）をすべて伴った充実した報告を行うことができた	中間報告において、報告すべき内容（意見・疑問・データ・本質的な問題・解決すべき課題・アイデア）をほぼ全て伴った報告を行うことができた	中間報告において、報告すべき内容（意見・疑問・データ・本質的な問題・解決すべき課題・アイデア）をうまく報告することができなかった
知識・技能	現状理解	メトロの方から受けたフィードバックや質問から自分たちの現状を理解し、その後の班活動にうまく生かすことができた	メトロの方から受けたフィードバックや質問から自分たちの現状を理解することができた	メトロの方から受けたフィードバックや質問から自分たちの現状を理解することがうまくできなかった
思考力・判断力・表現力	アイデア創出	アイデアを考える上で本質的な問題や解決すべき課題を見極め、根拠や説得力も持たせることができた	アイデアを考える上で本質的な問題や解決すべき課題を見極めることができた	本質的な問題や解決すべき課題を見極めず、単にアイデアを考えるだけに終わった
主体性	前向きな姿勢	メトロの方（アドバイザー）と積極的に関わり、創造的対話を十分に行うことができた	メトロの方（アドバイザー）と積極的に関わり、対話を十分に行うことができた	メトロの方（アドバイザー）とうまく関わることができず、機会を十分に生かすことができなかった
協同性	協同作業・傾聴	メンバー全員が班活動に積極的に参加することができた 班の中で役割分担を行い、すすめることができた	対話量に差はあるが全員で対話ができた 何となく自分の役割を決め、すすめることができた	あまりメンバー間で対話ができなかった 自身の役割もあまりよくわからなかった

PBL × IT × Metro (Discussion)

評価観点	目標項目	A（想定以上）	B（想定通り）	C（想定以下）
知識・技能	現状理解	チェックシートを通して自分たちの現状を理解し、何が必要かを見極めた創造的対話を行うことができた	チェックシートを通して自分たちの現状を理解し、その後の班活動に活かすことができた	チェックシートを通してうまく自分たちの現状を把握できず、班活動が停滞することが多かった
思考力・判断力・表現力	アイデア創出	アイデアに必要な要素（データ、新規性、期待される効果、コスト）を十分に含み、説得力を持たせることができた	アイデアに必要な要素（データ、新規性、期待される効果、コスト）を含むことできた	アイデアに必要な要素（データ、新規性、期待される効果、コスト）をあまり含むことができなかった
協同性	協同作業・傾聴	発表資料作成にあたり、メンバー全員が積極的に参加することができた 班の中で役割分担を行い、すすめることができた	偏りはあるが、発表資料作成にあたり全員で対話ができた 何となく自分の役割を決め、すすめることができた	あまりメンバー間で対話ができず、発表資料作成もはかどらなかった 自身の役割もあまりよくわからなかった

PBL × IT × Metro (Competition)

評価観点	目標項目	A（想定以上）	B（想定通り）	C（想定以下）
主体性	他者への意見	他の班の発表に対して意見や疑問を持つことができた 他の質疑応答にも十分に耳を傾けることができた	他の班の発表に対して意見や疑問を持つことができた 他の質疑応答にはなかなか興味を持つことができなかった	他の班のアイデアに対して意見や疑問を持つことができなかった
思考力・判断力	アイデア比較	発表を通して自分達のアイデアと他の班のアイデアを比較し、新たな問い（仮説）、課題、解決アイデアを考えた	他の班のアイデアを聞いて、企業課題の解決の可能性を考えることができた	発表を通して自分達のアイデアと他の班のアイデアを比較することができなかった 企業課題の解決の可能性を考えることもできなかった
知識・技能	発表クオリティ	スライドの質、発表スキルにおいて班で過去の反省を活かすことができた 企業目線に立ち、説得力のある発表を行うことができた	スライドの質、発表スキルにおいて班で過去の反省は考えたが、具体的な改善点はなかった。企業目線に立った発表を行うことができた	スライドの質、発表のスキルにおいて、班としての課題を感じている 企業目線に立った発表を行うことができなかった
興味・関心	興味・関心	企業課題の解決に大きなやりがいを感じることができた 機会があれば、違った課題にも挑戦をしてみたい	企業課題の解決にやりがいを感じることができた	企業課題の解決にあまりやりがいを感じることができなかった
東京メトロとの連携授業（第1回～4回）を通して学んだこと・感じたことを記入してください				

3　学習の実際

①第1回「PBL × IT × Metro (Introduction)」

与えられた企業課題に対して、生徒は班で様々な意見や疑問を出します。東京メトロの方もメンターとして生徒に寄り添って疑問に応え、伝えきれていない情報を共有してくれます。企業課題を「問い」として、生徒は関連するデータや類似した事例データを収集します。そこから本質的な問題を明確にし、解決すべき課題を定義していきます。いきなり解決アイデアに思考をめぐらせるのではなく、スモールステップで試行します。また、多額の費用や労力（時間）をかけて解決を図るアイデアにならないよう声をかけています。

②第2回「PBL × IT × Metro (Brush up)」

第1回に定義した課題の解決アイデアを考えます。関係するデータや類似した事例の収集や整理が自分たちのアイデアの価値（新規性）を確認するために必要なプロセスとなります。多くの班で「この課題を解決するために○○を導入してはどうか」という提案に対して、東京メトロの方が各班にメンターとして参加してくれることで、すでに実行され失敗していること、実現可能性が低いこと、新たな課題が発生し得ることなどを知ることができ、議論やアイデアの深化を図ることができます。実際の現場の方とのやりとりを通して生徒たちのアイデアは客観的で多角的なものに向かっていきます。

③第4回「PBL×IT×Metro（Competition）」

いよいよ、東京メトロに自分たちのアイデアをプレゼンテーションします。これまでの発表経験からプレゼン技術は向上していきます。しかし、企業への直接のプレゼンは多くの生徒が緊張します。東京メトロの方が審査員となって、コンペティション形式で行います。発表後の質疑応答では、東京メトロから質問と講評をしていただき、その評価から発表した生徒たちは新たな発見や自分たちのアイデアを振り返ることができます。

2023年度、最優秀賞となったのは、電気代を抑えたい（東京メトロ・電気部）とい

う課題に対する、「風鈴による節電方法」というアイデアでした。

電気代の高騰により東京メトロでも太陽光発電やLED化、急発進・急停車抑制などの施策を行っている現状を把握し、平均気温と付帯電力のデータから駅構内の空調が電気料金に大きく影響していることを考察しました。空調の設定温度を変えるだけで多くのクレームが来ることも考慮して、解決すべき課題を「電気を使わないで（夏の）温度を下げる」に設定しました。その課題を解決するために「風鈴を駅の通路に設置する」というアイデアを提案しました。

このアイデアは、風鈴の音色が体感温度を下げる効果があるという根拠を用いて、空調の温度を1℃調整することで電気使用量が13％削減できると主張し、また、有名スポット化の期待も効果の1つになり得ると発表しました。このプログラム後、生徒から「地下鉄を利用する際、今回の課題を意識的に探すようになった」「電車に乗るたびに課題解決の方法を考えている」といった声が聞かれました。

5章
ＰＢＬのカリキュラムデザインの実際③［中学３年］

探究GC（1学期）

当事者に想いをインタビューして、行動しよう

金森千春

1 単元の概要とねらい

①単元の概要

探究GCの3年生1学期は、2年生3学期から継続して多様性やD&Iについて思考を深めていきます。多様性やD&Iといっても、その内容は多岐にわたります。ジェンダー、人種、民族、貧困、障がい…、そのどれもが学年全体で扱うには難しいものばかりです。そして限られた授業時間では代表的なテーマに触れるだけで深く思考をすることはできません。授業担当者で時間をかけて丁寧に話し合いを重ね、前年にSHIBACCIA（身体障がいをテーマにしたPBL）を経験しているので、生徒が取り組みたいテーマを自由に選ぶ

という手法を取り、教員は授業の大枠であるＰＢＬを設計することにしました。この探究学習のタイトルはこれまでのようにキャッチーな文言ではなく、「オモイを知ってミライを創る」とし、大きな問いを「すべての人が生きやすい社会をつくるには」、ミッションを「ネット情報だけでなく、当事者へのインタビューを通して、すべての人が生きやすい社会をつくるために、いまできるアクションを考え、実行する」としました。大きな問い、としたのは各班でテーマ設定が異なることに考慮しました。この探究学習のメインは、中学生が自分たちでインタビューする当事者を考え、アポイントを取って、オモイを聞きに行くことです。２年生よりもＰＢＬの自由度が増大し、班によってテーマも異なれば、インタビュー先も、進捗状況も異なっています。同じなのはゴールが7月探究ＤＡＹでの発表という最終期日だけです。高校進学後に、自走して探究できる生徒を見据えての中学SHIBAURA 探究なので、教員は各班の相談相手やメンターとして役割を発揮します。

②単元のねらい

この単元のねらいは3点です。

1　2年生3学期に続き、センシティブなテーマでも対話を通して思考を深めること

2　インタビューの交渉や実行を通して、外部交渉のマナーやルールを獲得し、与えられたリソースではなく、自分たちで適切な情報収集を行うこと

3　自由度の高いＰＢＬにおいて班員と協働して自律的に行動し、自走する探究者になる準備をすること

2　単元指導計画

生徒は、春休みに「生きづらさを知る」というテーマで、自分が読みたい本を1冊読んで回答フォームに回答します。図書の選定では、図書館司書に協力を依頼し、図書館にある関連書籍のリストを作成して生徒に提供をすること、生徒のリクエストで図書を取り寄せることができました。回答フォームには、その図書をあらわすキーワードを4つ、クラスのみんなに伝えたいこと（200字）、本に書かれているテーマについて深掘りしたいか（それとも別なものに変えたいか、それはどんなテーマか）の3点を回答します。

初回の授業では、生徒の回答をもとに作成した資料を用意して、ブックトークを行いま

す。第2回では、班ごとに問いを立てます。問いを立てることは3年間かけて取り組んできましたが、毎回とても難しく感じます。今回は問いづくりのワーク（ＱＦＴ※）を実施し、生徒の発想や視点を柔軟にしてよい問いが立てられるように充分な時間をかけました。時間をかけた効果としては、生徒が問いを吟味する時間が増え、興味深い、よい問いを立てられる班が増えました。第3〜5回は班によって進捗が異なるので流動的にしています。ＧＣでは、ＰＢＬの過程が生徒にも授業担当者にも把握しやすいようにロードマップを作成して掲示しています。成果は2年生と同様にSHIBAURA探究スキルの獲得状況で評価します。

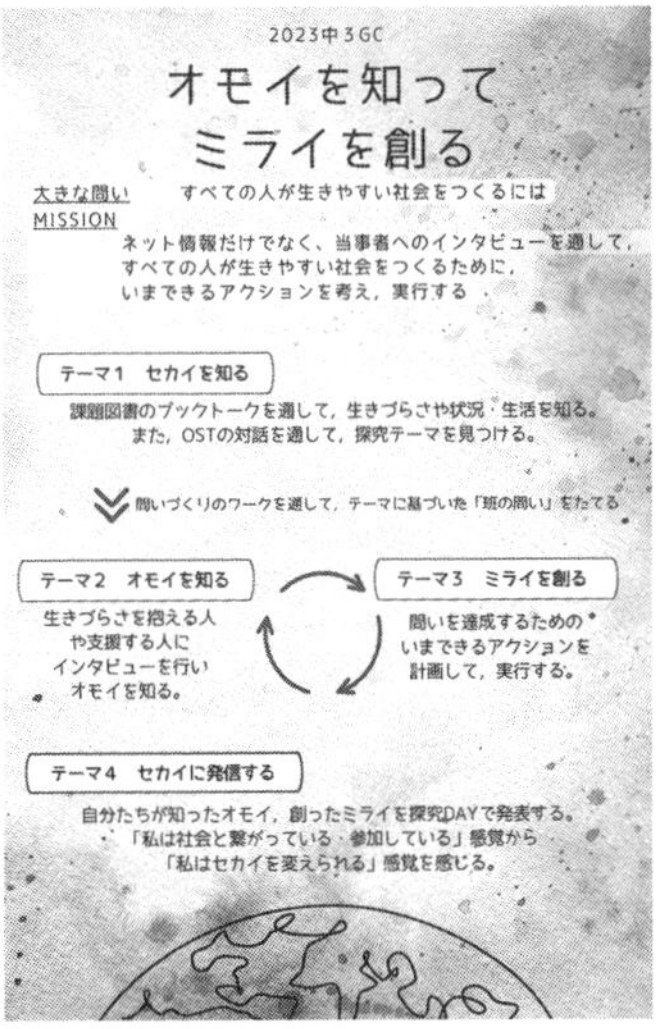

回	タイトル	概要
春休み	生きづらさを知る	生きづらさを抱える人に関する書籍を１冊読む
1	セカイを知る	ブックトークを行って、テーマごとに班をつくる
2	セカイを知る	テーマごとにつくった班で問いを立てる
3〜5	オモイを知る	情報収集をする／インタビューの候補を探して交渉する
	オモイを知る	インタビュー計画書を作成する／当事者にインタビューに行く
	ミライを創る	問いを達成するための“いまできるアクション”を実行する
探究 DAY	発表する	自分たちが知ったオモイ、創ったミライを発表する

3　学習の実際

①第1回「セカイを知る（ブックトーク）」

　ブックトークのために、授業担当者は生徒が春休みに読んだ図書についての回答を載せたA４の資料を作成しました。このツールを用意したのは、図書を読んでしばらく時間が経ってしまっていることと、クラス替えをして新しいクラスになったばかりで、アイスブレイクをしたとしても、このようなセンシティブなテーマについて図書を読んだときに感じた気持ちやクラスのみんなに伝えたいことを話せるかどうか不安だったからです。１枚の紙の力を借りてブックトークの内容が深まるならば、用意した方がよいのではないかという発想に至りました。実際、このツールは大きな効果をもたらしました。

まず、授業担当者が懸念した不安を払拭しました。ブックトークの前にツールを配付し、「これからのブックトークで１人２分話す時間がありますので、何を話すか考えてみましょう」という投げかけで準備の時間を与えたときに、多くの生徒が記憶を呼び起こすのに使用しました。ブックトークにおいても、センシティブな話題であるために言葉に詰まったり迷ったりした際に、ツールに立ち戻って思考を整理する様子が見られました。さらに、出席番号順の４人程度でブックトークをした後に、自分が深掘りしたいテーマで生徒たちに班を作成させましたが、その際もツールを見せ合いながらうまく班を作成していました。

このように、生徒が学習のねらいを達成するために授業担当者が工夫を凝らして授業を設計することが肝要です。もちろん、どれだけ時間をかけて考案してもうまく機能しないものもありますが、それでも工夫をした分だけ授業担当者の力量が上がると考えます。

②第4回「オモイを知る（インタビュー）」

このPBLの佳境となるインタビューですが、当たり前のように一筋縄ではいきませんでした。インタビューの交渉をする前に、NHK for Schoolの動画教材などを活用してメールの書き方やインタビューの仕方などを学びました。メールで依頼をするための文例を作成したり、教員をCcに入れる指導など、メール文化のないZ世代の生徒たちには必要です。しかし、それ以上に、教員から学校として交渉をすることや、授業概要についての説明文を添付することを求められることもあり、中学生が交渉することの難しさに直面しました。また、区役所などの公共団体の場合は、土曜日は対応していなかったり、17時に閉庁してしまうために生徒が授業後に訪問してインタビューを実施することの物理的な難しさがありました。

インタビューの目的は「当事者のオモイを知る」ことにありますが、「生きづらさを抱える当事者」にインタビューする難しさがあるので、当事者の解釈を広げ、当事者を支援す

る方々も当事者としました。第1希望のインタビュー先ですぐに受諾してもらえた班もあれば、10件交渉してやっとインタビュー先が決まった班もありました。授業担当者は、生徒がインタビュー先の選定に行き詰まったとき、一緒に考え、生徒の視野を広げる役割を果たしました。学年全体の約３分の１の班がオンライン、それ以外の班は対面でインタビューを行いました。

インタビュー実施前にできる限りの情報収集をして「調べてもわからない」質問を考えたり、実施後に伺ったオモイを共有して整理する様子から、生徒たちが活動を通して思考を深めていることがわかりました。「インタビューのお願いを自分たちだけでしたのははじめてで難しかったです。メールをする知識や電話でアポをとる能力が必要だったり大変でした。でもアポが取れたときはとてもうれしかったです」「インタビューをすると本当のこと、自分たちで調べても出てこないことを知ることができていいなと思った」といったふり返りが寄せられました。

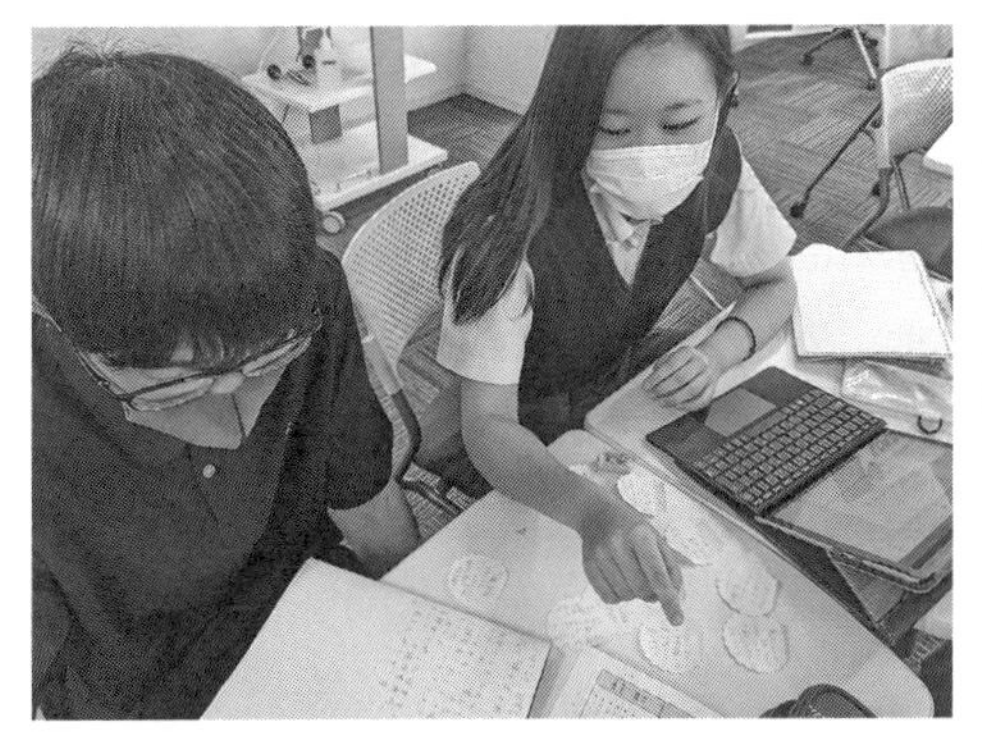

③探究ＤＡＹ

このＰＢＬの大きな問い「すべての人が生きやすい社会をつくるには」のために、事前に各クラスでプレ発表を行い、異なるテーマについて共有する時間を設けました。２０２３年度の班のテーマは「ジェンダー」「人種・民族・難民」「貧困・経済」「障がい」「多様性の概念や考え方」の５つのカテゴリーにほぼ均等に分かれました。ジェンダーや人種は当事者に、その他は支援者にインタビューをする割合が高くなりました。

探究ＤＡＹの発表では、参加する2年生や保護者、ステークホルダーとの対話を重視しました。スライド発表にすると良い面もありますが、どうしても得た知識やオモイを書き連ねて、スライドに頼って発表をしてしまいがちです。班の問い、インタビュー先、今できるアクションの3点だけを掲載したスライド1枚を投影し、その前で自分たちの言葉で知ったことや伺ったオモイを5分間で語り、その場にいる人たちと10分間の対話をする発表形式を設計しました。

生徒のふり返りでは、テーマを選んだ理由やこの学習を通して得たことが、次の例のように、一人ひとり自分の言葉で書かれていました。「父が身体障がい者なこともあり、障がい者への対応に元から関心がありました。今回ＧＣで『障がい者』と呼ばれている方々にどんな対応をしているのかじっくり調べることができました。そこで得た情報は、思ったよりも手厚く保護されていて、思ったよりも優しく、思ったよりも難しい仕事でした。日々支えてくれている職員の方々に感謝しながら生きていき、２学期の総合探究に生かせるようにしたいです」

全員分のふり返りを紹介したいほど深い言葉であふれていました。その理由は、生徒の自由度が増した分、自分ごととして探究学習を捉え、思考を深めていたからだと推測します。センシティブなテーマなので、学内でも実施に賛否両論あり、これまで以上に話し合いを重ね、試行錯誤しました。実施したからこそ改善できます。挑戦したことは探究チームの、学校の財産になりました。何より生徒にとって深い思考を伴う探究学習になったことがその価値を示していると考えます。これこそ探究の醍醐味ではないでしょうか。

※ダン・ロススタイン、ルース・サンタナ、吉田新一郎（訳）『たった一つを変えるだけ』（新評論）

探究IT（1学期）

社会課題の解決のための製品を提案しよう

横山浩司

1　単元の概要とねらい

①単元の概要

3年生1学期の探究ITでは、1年生から学び経験してきたことを主体的に利活用することを促し、社会や企業の抱える課題や日常の困り事を客観的に捉え、本質的な問題点や解決すべき課題に対して根拠をもって考察することから始めます。そうして創出した解決アイデア（製品やサービス）のプロトタイプを製作し、7月探究ＤＡＹでＩＴ展として多くの方に向けて展示とポスターで発表します。

アイデアはプロセスシートマニュアルを参考に、思考のプロセスを明確にすることで、より根拠や説得力をもったものとしてアウトプットします。製作物のプロトタイプは3DCADを用いた設計技法を学び、これを活用します。実際にスタイロフォームやスチレンボードを材料に製作します。

②単元のねらい

単元のねらいは4点です。

1　3DCADの設計技術を学ぶこと
2　問い立てから解決アイデアの創出まで思考のプロセスを活用すること
3　協働性をもってチームとして活動すること
4　IT展でアウトプットすること

回	タイトル	概要
1	設計スキル　3DCAD	オリジナルテキストでキーホルダーを設計・製作
2	アイデア創出	グループ編成、課題設定と解決アイデアの創出
3	製作	プロセスシートマニュアルにそってアイデアのプロトタイプを製作
4	製作・フィードバック	製作、他のアイデアを知る
5	製作・IT展準備	製作、アイデアのブラッシュアップ

2　単元指導計画とルーブリック

ＩＴでは、１年生の序盤に「ドラえもんになってもらいます」を実施しています。入学したばかりで探究の経験がないので、だれのために、どのような効果や成果があるかを考えた「道具」を自由に発想するプログラムです。

そこから約2年を経て、様々なスキルを用いて具体的なアイデア発想を行うにあたり、考えた製品アイデアの設計スキルをより高める意図で、はじめに3DCADを経験します。そして、なぜそのアイデアが発案されたのかを根拠や説得力をもったプロセスを経てアウトプットします。

生徒たちの自走を大切にし、教員はファシリテーターとして寄り添います。「こんなサービスや道具があったら、こういう問題や課題の解決になるのではないか」という生徒の探究する姿勢を大事にします。

第1回

評価観点	目標項目	A（想定以上）	B（想定通り）	C（やや想定以下）	D（想定以下）
知識・技能	CAD の操作を体験し、有用なスキルとして捉えることができたか	CAD オリジナルテキストに従って、時間内に行程を終え、CAD を活用した独自的な設計を実装できた	CAD オリジナルテキストに従って時間内に行程を終えることができた	教員が少しサポートをし、CAD オリジナルテキストに従って実装したが、時間内に行程を終えることができなかった	教員から多くのサポートを得ながら CAD オリジナルテキストに従って実装したが、時間内に行程を終えることができなかった
主体性思考力	アイディア創出までの思考法を理解し、プロジェクトに活かすことができたか	中1、中2に体験した思考法を新たなプロジェクトのアイディア創出に用いる計画を立てることができた	中1、中2に体験した思考法を確認理解することはできたが、新たなプロジェクトのアイディア創出に用いる計画が十分に立てられていない	これまでに体験した思考法の理解が不十分だが、新しいプロジェクトのアイディア創出の計画は立てることができた	これまでに体験した思考法の理解が不十分で、新しいプロジェクトのアイディア創出の計画も立てられていない
判断力表現力	共同研究者とブレストを行い、アイディアの発散ができたか	共同研究者とブレストを行い、複数のアイディアの発散ができており、そのアイディアの整理ができている	共同研究者とブレストを行い、複数のアイディアの発散ができている	共同研究者とブレストを行って、アイディアの発散はできているが、数が乏しい	共同研究者とブレストを行っているが、意見交換ができておらずアイディアの発散ができていない

第2、3回

評価観点	目標項目	A（想定以上）	B（想定通り）	C（やや想定以下）	D（想定以下）
知識・技能	根拠となるデータ収集に、様々なツールを活用することができたか	データ収集ツールを活用し、複数のデータを根拠にした活動を行うことができた	データ収集ツールを活用し、一つでもデータを根拠にした活動を行うことができた	データ収集ツールを活用したが、データを根拠とする活動まで到達できなかった	データ収集ツールを活用できず、データを根拠にした活動にも到達することができなかった
主体性	アイディア創出に向けた思考法を元に、プロセスを記録（APISNOTE）しながら能動的な活動ができたか	アイディア創出に向けた活動のプロセスを詳細に記録しつつ、問いや解決すべき課題、その解決アイディア（プロダクト）を設定することができた	アイディア創出に向けた活動のプロセスを記録しながら、問いや解決すべき課題まで設定することができた	アイディア創出に向けた活動のプロセスを記録しながら、問いまでは設定することができた	アイディア創出に向けた活動のプロセスの記録はできるが、問いを設定できなかった
思考力判断力表現力	ポスター、製品の製作のための活動（3DCAD など）ができたか	制作計画（プロセスシートマニュアル）の記録を行いながら、ポスター等制作、製品製作が順調に進められた	制作計画（プロセスシートマニュアル）の記録を行いながら、ポスター等制作、製品製作が進められた（多少の遅れ程度）	制作計画（プロセスシートマニュアル）の記録はしているが、ポスター等制作、製品製作などが遅れている	制作計画（プロセスシートマニュアル）の記録は十分ではなく、ポスター等制作、製品製作など進んでいない

第4、5回

評価観点	目標項目	A（想定以上）	B（想定通り）	C（やや想定以下）	D（想定以下）
知識・技能	アイディア創出に至るプロセスを明確にすることができたか	プロセスシートの内容を基に Google スライドを最後まで完成させ、マニュアル通りに発表することができた 他の生徒からのフィードバックでプロセスが明確であることが評価された	プロセスシートの内容を基に Google スライドを最後まで完成させ、マニュアル通りに発表することができた	プロセスシートの内容を基に Google スライドを最後まで完成させられた	プロセスシートの内容を基にしても Google スライドを最後まで完成させられなかった
主体性	他のアイディアに対する説明を聞き、自分の意見を発信できたか	他班のアイディアに対する説明を聞き、5個以上コメントを残すことができた	他班のアイディアに対する説明を聞き、4～2個コメントを残すことができた	他班のアイディアに対する説明を聞き、1個コメントを残すことができた	他班のアイディアに対する説明を聞くことができたが、残したコメントは0個だった
思考力判断力表現力	他者の意見を取り入れたフィードバックを建設的な姿勢で行うことができたか	他班からもらったフィードバックを3個以上共有して協議し改良に活かした。意見を出しあって制作計画を修正しながら製品やポスターの制作を進められた	他班からもらったフィードバックを2個共有して協議し改良に活かした制作に向けて意見を出し合い、製品やポスターの制作を進められた	他班からもらったフィードバックを1個共有して協議し改良に活かした制作に向けて意見を出し合い、製品やポスターの制作を進められた	他班からもらったフィードバックを共有して協議したが改善活動に至らなかった 制作に向けて意見を出し合い、製品やポスターの制作を進められた

3　学習の実際

①第1回「設計スキル　3DCAD」

本校のオリジナルテキストとFusion360を用いて3DCADを体験します。テキストではオリジナルキーホルダーの設計手順が示され、生徒はそのテキストに従って3DCADを操作していきます。何度もテキストを戻りながらも操作に慣れていきます。生徒同士が教え合いながら進める場合もあります。設計が完了したら3Dプリンターで実際に製作し、設計したものが実物となる過程を経験することができます。

②第2回「アイデア創出」

これまでは分野やテーマが決まっている、または、具体

的な企業課題に対して解決アイデアの創出を行ってきました。今回のプログラムでは自分たちがテーマを自由に決めることができます。しかし、身の回りの困り事や社会課題を定義するのはとても難しいことです。そこで、まずは日常のことや気になるニュースなどをどんどん発散させていき、ある程度で整理し、収束させていくことで、自分たちの探究したい分野・テーマが見えてきます。そこからはこれまでに経験した思考のプロセスをたどりながら根拠と説得力を備えたアイデアの創出に進みます。アイデアはサービス（形のないもの）でも製品（プロトタイプ）でもどちらでも可としています。

③第3～5回「製作」

IT展でのアウトプットの形式は問わず、ポスタ

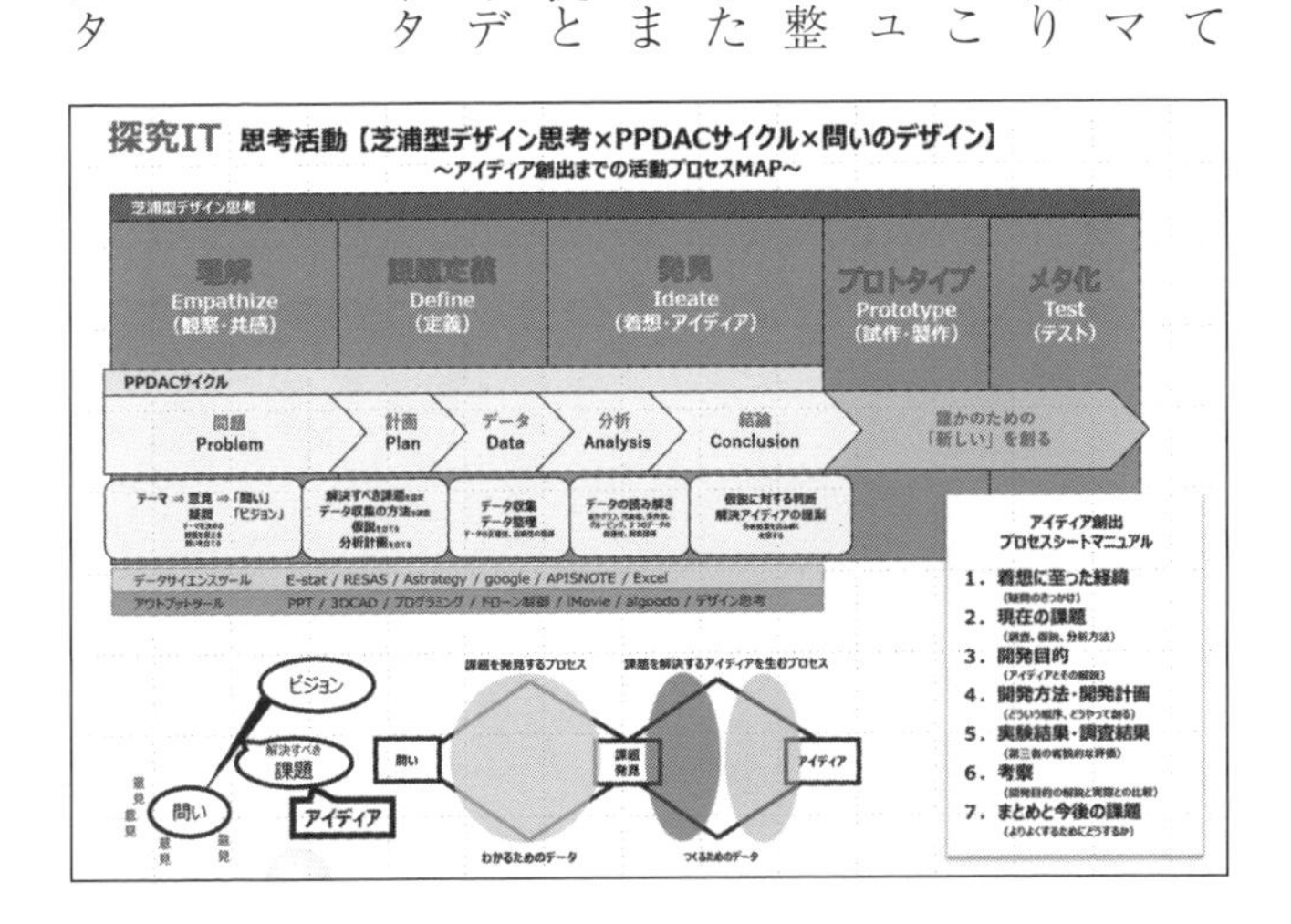

ー（A1サイズ）、スライド、製品のプロトタイプなど様々です。製品やサービスに対する発案プロセスを整理するプロセスシートマニュアルを記録しながら活動することは、生徒にとって、なぜこのようなアイデアを提案するのかを明確にしながら活動ができる一方で、アウトプットにおける一定のマニュアルとして役立てることができます。

製品のプロトタイプ製作については、加工しやすいようスタイロフォームやスチレンボードを用いましたが、製品の形状や複雑な部分における加工技術が課題となりました。しかし、発表時における他者へのアイデアイメージの伝わりやすさではその効果を高く発揮しました。

④第4・5回「フィードバック・ブラッシュアップ」

この時間では、他の班のアイデアを聞いて回ります。製作途中でも多くの班のプレゼンを聞き、質問や感想、「もっとこうすれば」という意見をプレゼントする活動を行います。

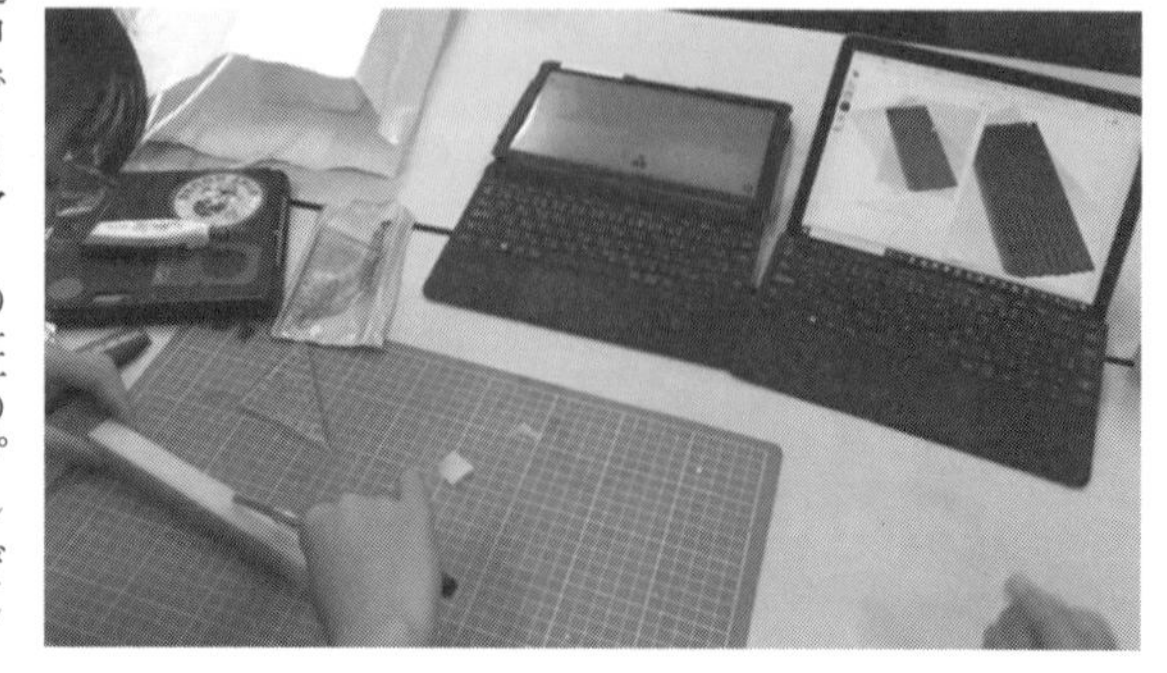

ＩＴ展の練習も兼ねていますが、大きな目的は多角的な意見や客観的な感想をフィードバックし、アイデアをブラッシュアップすることです。実際にアイデアを軌道修正した班は少なくありません。生徒同士では、よく言い合えて、よく聞き合えるという印象を受けました。

⑤探究ＤＡＹ（ＩＴ展）

ＩＴ展では、各班がＩＴの成果として展示発表をします。そのアイデアにたどり着くまでの思考プロセスや根拠となるデータや事例、また、そのアイデアの新鮮さやそれを伝えるプレゼン技法から、生徒の大きな成長が感じられます。来場した１、２年生や保護者、教員などの多くが一つひとつのアイデアについての発表を聞き、質問や感想

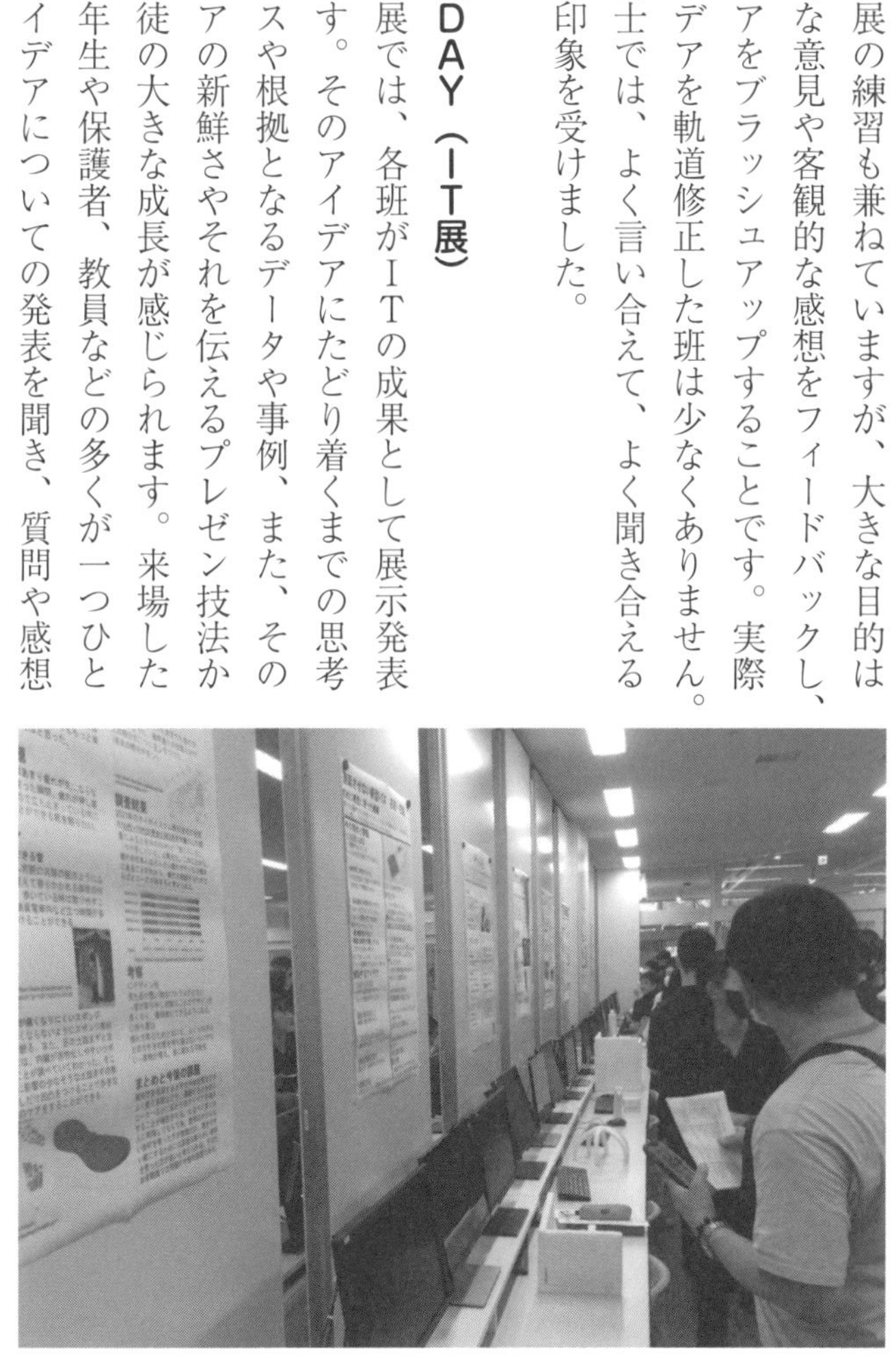

を話してくれることも生徒にとって貴重な経験となります。

ＩＴの教育テーマである「だれかのための新しいを創る」の代名詞としてプログラムしましたが、「製作にもっと時間をかけたい」「より広い活動スペースを確保したい」「3DCADを他教科と連携させることで、できることの幅を広げたい」といった改善すべき点も見つかりました。生徒がじっくりと活動できる時間や環境を設定することの重要性を改めて考えました。

絶対に疲れない靴

きっかけ

普段、電車で立ち続けているときや、長い間道を歩いているときなど、足が痛くなる場面が多い。そんな日常の些細な困り事を解決できたら、今よりももっと楽に生活できるのではと思った。

現在の課題

歩いている時はあまり疲れが気にならないが、立ち止まった瞬間、疲れが押し寄せてくる。なので立ち止まっている時に疲れをとることができる靴を創りたい。

アイデア

○足を固定できる管

バッキンガム宮殿の兵隊の靴のようにふくらはぎを支えて寄りかかれる筒状の付属品を創る。歩いている時は取り外すことができ、満員電車内など立つ時間が多い状況でつけることができる。

○足の裏が痛くなりにくいスポンジ

足裏が痛くならないようにスポンジ素材の中敷き創る。また、足の土踏まずと足指周辺には、内臓が活性化しやすいツボがあることが調べていてわかった。そこで歩行に影響の少なそうな土踏まずの部分に少しだけ凹凸をつけることで歩きながら足のケアをすることができる。

○歩きやすく

足を固定する管をつけたままでも歩行がしやすいように、通常通りの位置とかかとの部分の二つにタンをつけた。
(赤丸の部分がタン)

調査結果

2023年のマイボイスコム株式会社の全国の10代～70代の男女9,962名を対象にした調査によると全体の60.4%が「感じている」「やや感じている」と答えた。このことから、現代の日本人はどんどん疲れやすくなる傾向にあることがわかり、疲れを軽減するためならばとニーズが高まると考えられる。

考察

○デザイン性

見た目が悪い物はつかう人が少ない
→管が取り外し可能なことでデザイン性良くなり、普段使いできるようになる。

○持ち運び

疲れを取るためとはいえ、ふくらはぎ以上の大きさの管を持ち運ばないといけない→荷物が増え、逆に疲れる可能性

まとめと今後の課題

実用性を考慮すると学生や会社員などがよく使う革靴などや、運動するときのスニーカーなどに私たちのアイデアを導入することが検討される。なるべく多くの人に利用してもらう為、費用のかからない素材を使った方が無難だが、履きやすい靴にするためには高価な柔らかい素材を使った方が良いと考えられる。そのため金額面での問題が今後の課題である。

6章

総合探究の
カリキュラム
デザインの
実際

理工系の知識で社会課題を解決しよう

金森千春

1　総合探究の概要とねらい

①総合探究の概要

総合探究は、探究ＩＴとＧＣで行ってきた2年半の体験と学びの集大成という位置づけです。ＩＴとＧＣで学んできたことを活用し、プロジェクトを自分たちで長いスパンで進めていきます。総合探究では、大きな問いを「理工系の知識で社会課題を解決する」、ミッションを「『セカイ』を知って、『だれかのための新しいミライ』を創る」としています。「高校で自走できる生徒を育てる」目的もあるSHIBAURA探究は、「①生徒の探究に教員はメンターとして寄り添う」「②『失敗』も『成功』もなくすべてが『成果』である」

「③総合探究のゴールである2月探究ＤＡＹは生徒が『好きな場所』『好きな形式』で発表するためどんな発表会になるかはだれも想像できない」という3つの特徴があります。

総合探究に携わる教員は、3年ＩＴとＧＣの担当者7名と授業オブザーブの教員5名です。生徒の人数は各班3～5人に設定しており、今年度は4クラス合計で42個の班ができました。教員メンターをそれぞれの班に1人ずつ割り当てます。教員の持ち単位数に応じて、授業4単位の教員は8班、2単位の教員は4～5班、1単位の教員は2～3班を担当します。1人の教員が1時間の授業で活動を見守ったり、面談できたりするのは多くても3班程度です。担当する班は少ないに越したことはありませんが、多過ぎず適度だと感じます。実施形態は、これまでは隔週2時間でＩＴとＧＣを交互に授業を行ってきましたが、総合探究では2クラス合同で毎週2時間の授業になります。さらに、3学期は学校設定科目である自立学習ＳＤの1時間を総合探究に充当します。

すべてが「成果」であるという考え方は、本校の SHIBAURA 探究の根底にあるもので、何事もやってみなければわからない、とりあえず考えてやってみて、うまくいかなければ改善点を見つけて修正する、という空気が生徒にも教員にも醸成されています。ですから、見栄えのよいものをつくらなければならない、他者から評価されるものをつくらなければならない、というような余計なプレッシャーが生徒にも教員にもなく、生徒が自らの「好き・興味」に基づいて、自らの「強み・長所」を生かして、探究したいテーマを他者と協働して探究していくことができます。

②単元のねらい

単元のねらいは3点です。

1　1年生~3年生1学期に学んだことや得たスキルをオリジナルのシート「方法知・内容知MAP」にまとめることで、自分の「好き・興味」や「強み・長所」を自己認知すること

2　自分の「好き・興味」のある内容知や分野を大切に広げ、大きな問いに基づいた独自性のある「個人探究計画書」を個々に書き上げること

3　3年生1学期よりも自由度の高いPBLにおいて、班員と協働して自律的に、要件を満たして探究活動を行うこと

2 単元指導計画とルーブリック

総合探究は約30時間の授業を5つのフェーズに分けて展開します。フェーズ1「自分を知る」、フェーズ2「テーマを立てる」までは個人のワークが中心になります。個がしっかりと探究に向かっていないと、探究テーマが自分ごとにならなかったり、チームで協働せ

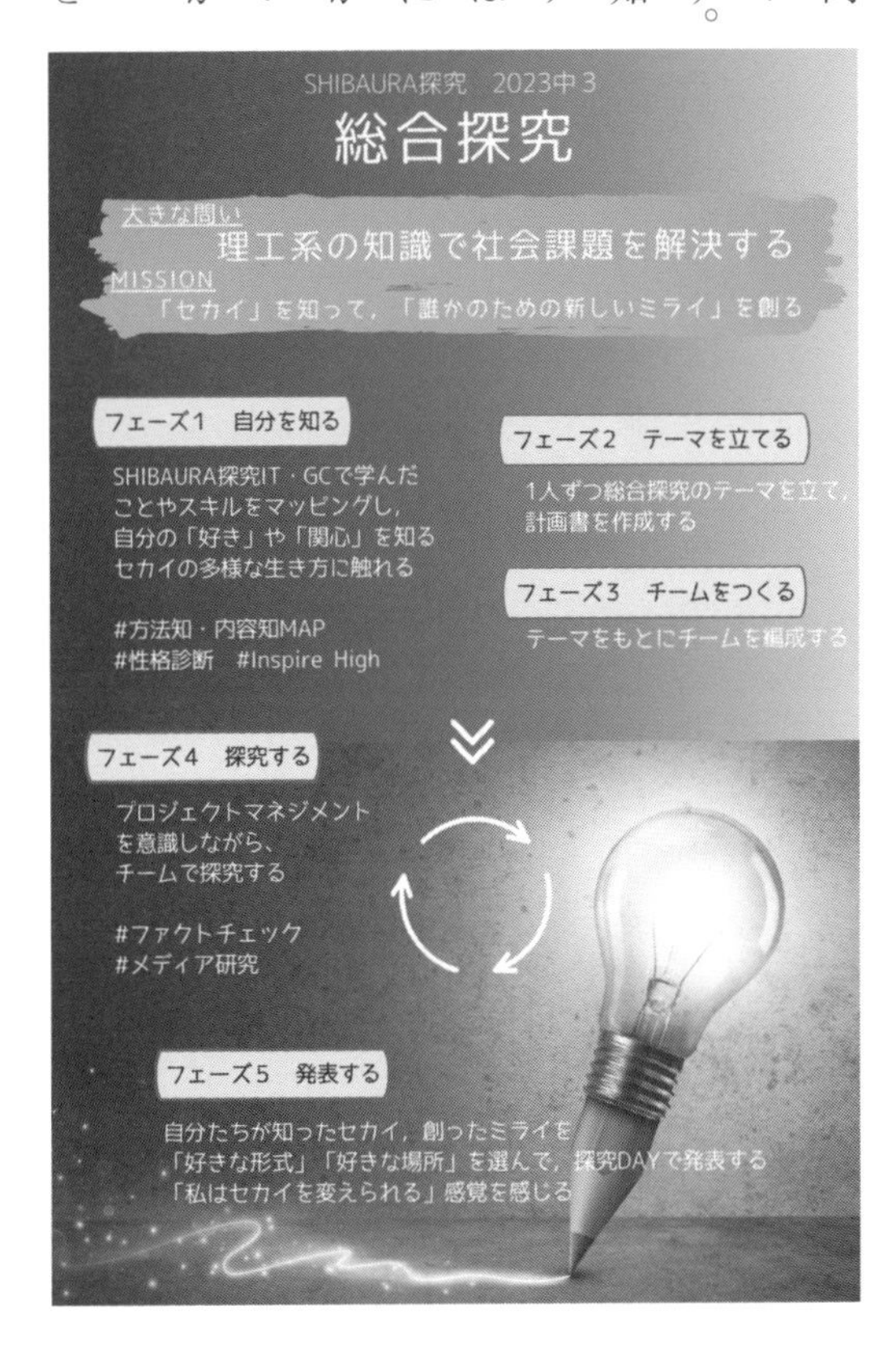

ずに無責任な活動をしてしまったりと、個にも集団にも残念な探究活動になってしまいます。それを防ぎながら、生徒個々が自分の興味関心に基づいて探究活動を行うには、授業を設計する教員の役割が重要です。無計画に放任しても充実した探究活動はできません。短期間のプロジェクトであれば、選択肢を狭めて思考が深くなるように工夫したり、長期間のプロジェクトや経験を積んでプロジェクトに慣れてきたころには選択肢を増やして、生徒が選択をすることで責任をもって探究活動を進めることができるように工夫したりします。このように、綿密な授業設計と予定通りに進まなくてもそのときの生徒の状況に応じて柔軟に設計を変化させることができるマインドと能力が教員に求められます。それができるのは、探究教材を販売する会社から購入した探究学習を展開するのではなく、教員集団が知恵を出し合って試行錯誤したSHIBAURA探究だからかもしれません。探究学習のねらいで触れた「7つの要件」は次の項目です。この要件から、探究活動を充実させるための工夫が読み取れるのではないでしょうか。

1　2月探究DAYで発表する。

2　発表形式は「好きな形式」で、場所は「校舎の1階から3階の好きな場所」で最も伝わる形式と場所で発表する。

3　情報収集はインターネットだけで完結させない。
4　専門家や企業の方にインタビューする。できれば複数。対面でもオンラインでも可。
5　班員全員でフィールドワークに行って確かめる。
6　論文や書籍を2本以上読んで、根拠とする。
7　メンターの先生とは、毎回プロジェクトの進捗を報告する。

さて、話を戻しましょう。個人探究計画書で探究したいテーマが決まったら、それを基にチームを構成するのがフェーズ3「チームをつくる」です。3～5人で1つの班を構成する以上、班員全員が同じ方向を向いて、同じテーマをもつ班をつくることは不可能です。教員集団が個人探究計画書に一つひとつ目を通し、テーマの重なりやテーマにはならなかった残りのキーワードやマインドマップを見て、班を構成します。班員の興味関心の重なりが大きい班もあれば、そうではない班もあり、班のテーマを考えていく過程でお互いの興味関心を探りながら、班のテーマを決めます。

フェーズ4「探究する」過程を経て、2月探究DAYで「発表する」フェーズ5という大きな流れがあります。次ページの表は、授業内容と詳細です。

色がついている部分は、全体で講義やワークを交えながらインプットを目指した授業で

時間	回	月	フェーズ	日	授業内容	詳細
1	1	10	自分を知る	7	プロジェクトマネジメント	HTH の PBL パズル（アリ・水質調査）実施する
2	1			7	プロジェクトマネジメント	ギャラリーウォークで発表して考察する
3	2			14	自分の「好き・得意」を知る	内容知・方法知 MAP を書き上げる
4	2			14	〃	自分を知る・相手を知る
5	3			28	先行事例①	社会課題系（GC）に着目する
6	3			28	先行事例②	テクノロジー系（IT）に着目する
7	4	11	テーマを立てる	11	総合探究の導入／テーマの決め方	総合探究のイメージに近い プロジェクト事例の紹介 「Google プロジェクトガイドライン」
8	4			11	個人探究計画書作成	個人で計画書を作成する
9	5			18	チーム発表・チームテーマ決め	チームのテーマを決定する
10	5			18	チーム計画書作成	チームの探究計画書の作成に着手する
11	6		探究する	25	探究１	
12	6			25	探究２	
13	7	12		2	ファクトチェック	講義とワークから再認識する
14	7			2	ファクトチェック	〃
15	8	1		13	探究３	
16	8			13	探究４	
17	9			18	探究５	
18	10			20	メディア研究	メディアの種類とその特徴
19	10			20	メディア研究	適切なアウトプットの選択
20	11			25	探究６	
21	12			27	中間発表	中間発表
22	12			27	探究７	
23	13	2		8	探究８	
24	14			15	探究９	
25	15			17	探究10	
26	15			17	探究11	
27	16		発表する	22	５－６限　探究 DAY 準備	
28	17			24	探究 DAY	
29	18	3		2	ふりかえり	アセスメント
30	18			2	ふりかえり	ふりかえりフォームの回答

す。第1回「プロジェクトマネジメント」では、ハイ・テック・ハイのジョン先生から許可をいただいて教員トレーニング用のＰＢＬパズルに生徒が取り組みます。生徒はパズルの並べ替えをすることで、「調べる→まとめる→発表する」と小さくまとまってしまいがちな探究活動で、テーマを深く知るためにはどのような活動や機会があると好ましいのかといった視点をもちます。また、パズルを追加することで、生徒自身がその探究活動の当事者になって想像し、さらなる活動の広がりや創造性・独創性が発揮されます。パズルを並べた後に、ギャラリーウォークをすることで、どうしてその順番にパズルを並べたのか、どうしてそのカードを追加したのか、意図を聞きながらプロジェクトマネジメントの理解を深めます。

第7回「ファクトチェック」と第10回「メディア研究」は、生徒がこれまでＩＴとＧＣに取り組む中

で不足していると教員が感じていた情報収集のスキルを身につけることと、アウトプットする際に安易にスライドや動画、ＳＮＳなどを選択するのではなく内容やターゲットに合った適切なメディアを選択できるようにメディアの特徴を理解できるような講義とワークを設計します。

総合探究のルーブリックについて説明します。これまでSHIBAURA探究のルーブリックは、教員が設定して生徒に提示することが多かったのですが、総合探究では４観点４段階（Ｓ～Ｃ）のうち３段階は提示し、Ｓ段階の評価は各班で考えて設定することにします。アウトプットとしての成果物のルーブリック評価ではなく、「貢献する姿勢」「個人テーマ

	S	A	B	C
姿勢（貢献）	各班で考えて設定	授業内に限らず、班員と積極的にコミュニケーションをとって協働し、探究活動を推進した	授業内において、班員とコミュニケーションをとって協働し、探究活動を推進した	授業内において、班員の意見を尊重して聴き探究活動を行なった
思考（個人テーマ）		自らの興味関心に基づいて、総合探究のゴールに適したテーマを立て、計画書を期日までに作成した	自らの興味関心に基づいて、総合探究のテーマを立て、計画書を期日までに作成した	総合探究のテーマを立てた
活動（探究）		プロジェクトマネジメントを考慮して、チームとして役割を分担し、試行錯誤を繰り返しながら探究活動を行なった	プロジェクトマネジメントを考慮して、試行錯誤を繰り返しながら探究活動を行なった	探究活動を行なった
表現（作品）		テーマに適した表現方法と発表場所を考え、作品を完成させ、他者に伝わるように発表した	テーマに基づいた表現方法と発表場所を考え作品を完成させ、発表した	作品を完成させ、発表した

における思考」「探究活動」「作品での表現」という4観点で評価します。

もちろん、アウトプットについては、別の評価基準があり、SHIBAURA探究ＤＡＹでプレ発表を見学する3年生や1、2年生に評価をもらいます。その評価基準も4観点4段階です。4観点は「プレゼン技法（明朗な発声や適切な早さか。発表資料の質は高いか）」「情報の質（信頼できる情報が多様で十分に調査されているか）」「論理的な組み立て（聴衆に伝わる導入・本論・結論の組み立てができているか）」「創造性と独創性（問いの独自性や魅力はあるか。アイデアや独自の視点があるか）」となります。この観点を4件法で評価し、コメントを書いてフィードバックを行います。アウトプットの評価にもルーブリックを用いた方がよいのではないかと考えましたが、3年生の発表を評価する1、2年生がルーブリックに書かれている評価基準の段階の違いを読み取って評価できるのか、評価にとらわれてしまい発表に集中して聞けなくなるのではないか、といった懸念があり、大きなストレスなく評価できるものとして、アウトプット用の評価基準を設定しました。

3　学習の実際

①第2回「自分の『好き・得意』を知る」

生徒個々の「好き・得意」を生かしてチームビルディングをして探究活動をすることがSHIBAURA探究の目標です。これまでのITやGCでは、ランダムなチーム編成でいろいろな人と協働して貢献するチーム探究、体験した伝統工芸品ごとにチームを編成したEDOMONO、長野で探究したいテーマごとに編成したKOKOJIMANなど、生徒の「好き・得意」が発揮できるようにチームを編成したことはありませんでした。

そこで、生徒がこれまで経験してきた内容知と獲得してきたSHIBAURA探究スキルをうまくマッピングするツールはどのようなものがよいのか、アナログなのかデジタルなのか、どのような形式がよいのかなど、この総合探究の授業設計で最も多く時間をかけたのは、この「方法知・内容知ＭＡＰ」の作成です。総合探究が始まる1年前からＭＡＰづくりに着手してきました。探究スキルの獲得を評価して、それを積み上げることは本校でも他校でも実践されている現状があります。２年半のＩＴとＧＣで取り組んできた内容をどのように蓄積して、生徒の次の学び（総合探究）への足場かけに活用できるか、と悩んで作成して、書いてみて、また修正して、稲垣忠先生にご助言いただきながら完成したのが、このＭＡＰです。

内容知のマッピングの目的を単純化すると、生徒がこれまで経験した多くの学びの中でどんな分野に興味関心があり、その分野を総合探究で続けて深堀りしたいのか、それとも他に興味のあるトピックがあるのか、といった個人探究計画書にのせていくためのヒントをつかむことでした。ですから、デジタルかアナログかというよりも、生徒が感情の赴くままに鉛筆を走らせ、経験した内容を芝浦工業大学の７つの学問系統（ＳＩＴ７）に落とし込み、分類判断が難しいものは余白に自由に書く形式のＭＡＰが完成しました。一方、方法知（SHIBAURA 探究スキル）は48項目に分類して、レーダーチャート上にプロットし、かつ、Google フォームでも回答する方法を併用しました。生徒の「得意」なスキルと「獲得した」スキルを質的調査として分析することで、今後の授業設計に生かしていけると考えました。

次ページに、生徒の書いた方法知・内容知ＭＡＰを掲載します。生徒によってマッピングが異なるのが興味深いところです。

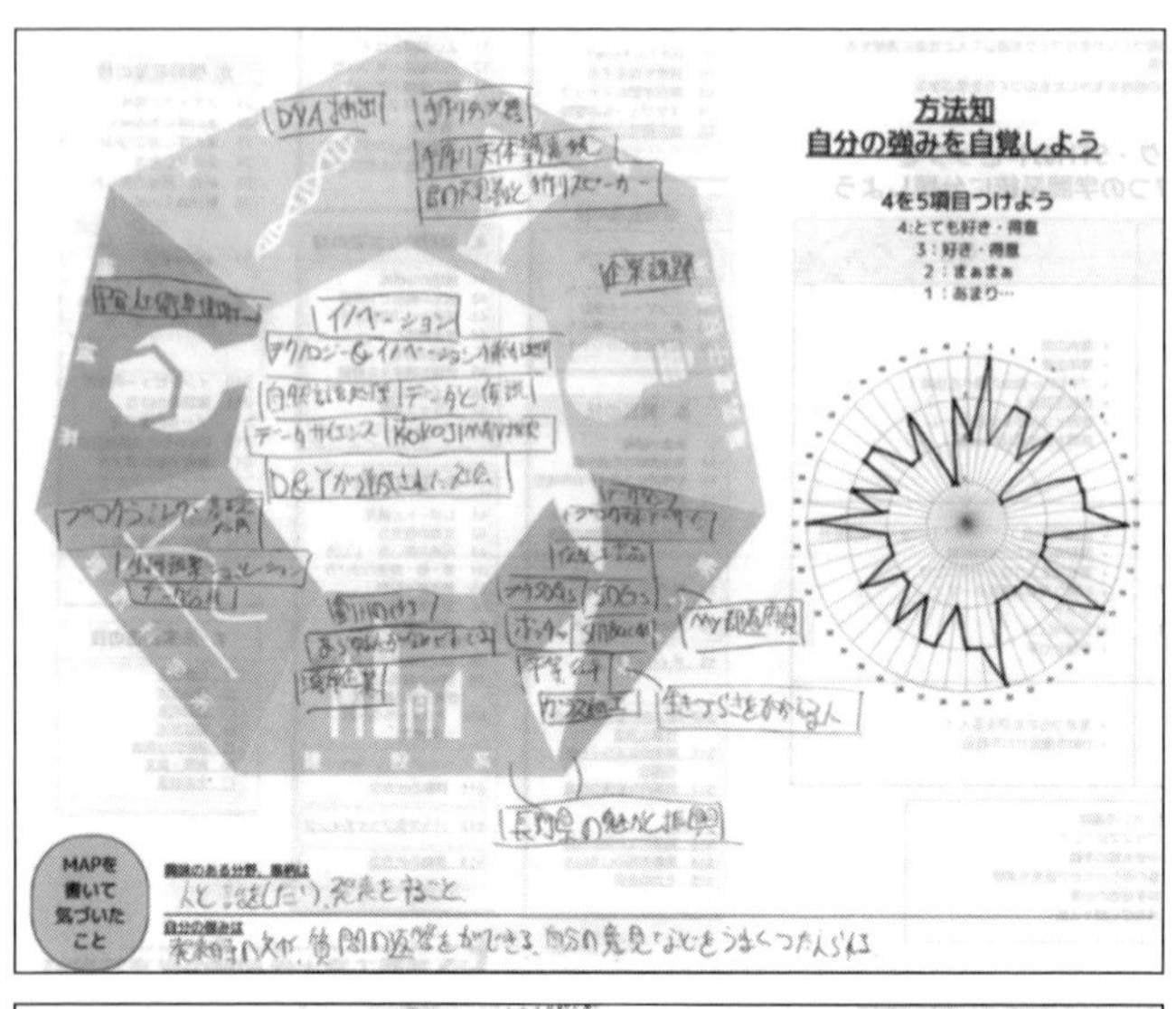
方法知
自分の強みを自覚しよう
4を5項目つけよう
4:とても好き・得意
3：好き・得意
2：まぁまぁ
1：あまり…
MAPを書いて気づいたこと
興味のある分野、業界は
自分の強みは

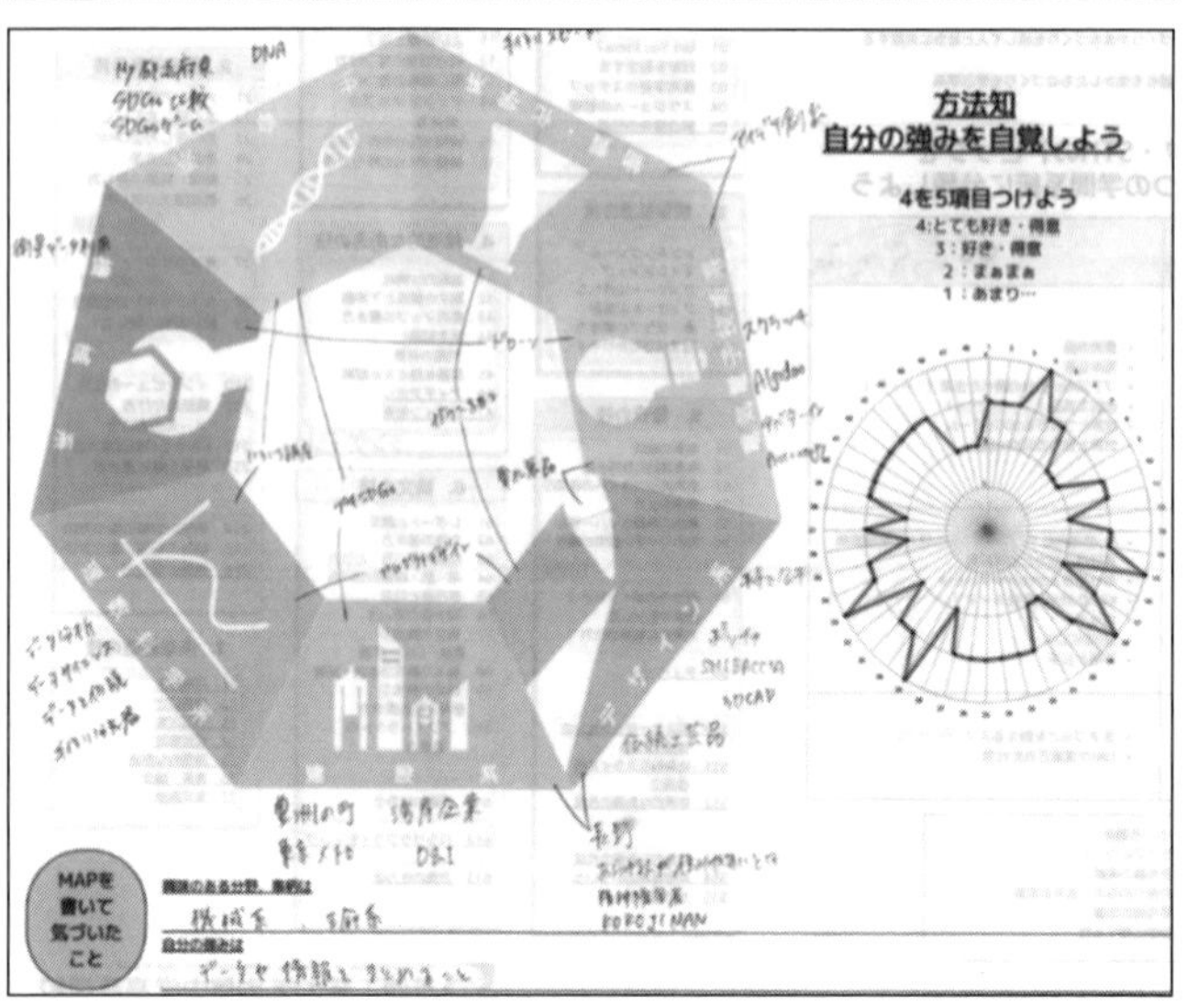
方法知
自分の強みを自覚しよう
4を5項目つけよう
4:とても好き・得意
3：好き・得意
2：まぁまぁ
1：あまり…
MAPを書いて気づいたこと
興味のある分野、業界は
自分の強みは

また、「好き・得意」なスキルを生徒が5項目だけ選択した結果が下の左表で、「獲得した」スキルの平均値を示したものが右表です。「2アイデアを出す（発散型）」を選択した生徒が、学年全体の25％以上もいることや、「17新しいことを知る」「18可能性を考える」「10他者と協働する」が両方に共通するスキルとしてあがっていることがSHIBAURA探究の特徴を表しているでしょう。

この回答を因子分析して探究スキルの適正さを分析することができたので、探究スキルの統合や加減、学習場面の変更などを行い、SHIBAURA探究スキル表をブラッシュアップし、生徒が獲得を認知しやすくマッピングしやすいものに洗練することが今後の教員の課題です。

順	「好き・得意」なSHIBAURA探究スキル	人
1	2　アイデアを出す（発散型）	48
2	17　新しいことを知る	40
3	30　デザインをする	36
4	18　可能性を考える	35
5	27　写真や動画を撮る	34
	37　見やすいスライドをつくる	34
7	10　他者と協働する	32
8	23　フィールドワークに出かける	29
9	6　意見を出し合って議論する	25
	11　自分でやり抜く	25
	43　3DCADの操作ができる	25
12	4　アイデアをまとめる（収束型）	24
13	39　ドローンを制御する	22
14	46　プロトタイプを作る（アナログ）	21
15	45　実験して確かめる	20

順	「獲得した」SHIBAURA探究スキル	平均値
1	1　探究の授業に取り組む	3.252
	18　可能性を考える	3.252
3	17　新しいことを知る	3.245
4	15　欲しい情報や正しい情報を検索する	3.139
5	6　意見を出し合って議論する	3.132
6	10　他者と協働する	3.126
7	13　わからないことは自分で調べて解決する	3.093
8	2　アイデアを出す（発散型）	3.086
9	40　データを収集する	3.046
	19　1つの物ごとを多面的に考える	3.046
11	41　データの共通点を見つける	3.026
12	4　アイデアをまとめる（収束型）	3.000
	42　データを分析する	3.000
14	43　3DCADの操作ができる	2.980
15	20　ターゲット（課題）を見つける	2.960
	33　参考文献や引用をルールを守って使用する	2.960

②第4回「総合探究の導入／テーマの決め方」

第2回で作成した方法知・内容知MAPを基にして、いよいよ個人探究計画書を書く段階に入ります。総合探究の佳境といってもよい授業でしょう。巷には多くの計画書がありますが、参考にしようと思って眺めてみても、なかなかピンとくるものがなく、今回も教員で知恵を出し合ってオリジナルの探究計画書をデザインしました。

ここで生徒の感想をいくつか紹介します。

「自分の中でやりたいことがあまりなくて、自分だけで一から課題を見つけることが難しかったです。でも、その課題を見つけるときに今までのGC、ITを思い出したりして課題を探したので今までのGC、ITが結構ためになったなと思いました」「これまでのGC、ITは先生方である程度探究する内容は決まっているが、今回の総合探究では自分たちで自分の強みにあった探究テーマを選ぶことができて、とても楽しかった」「班で話し合う

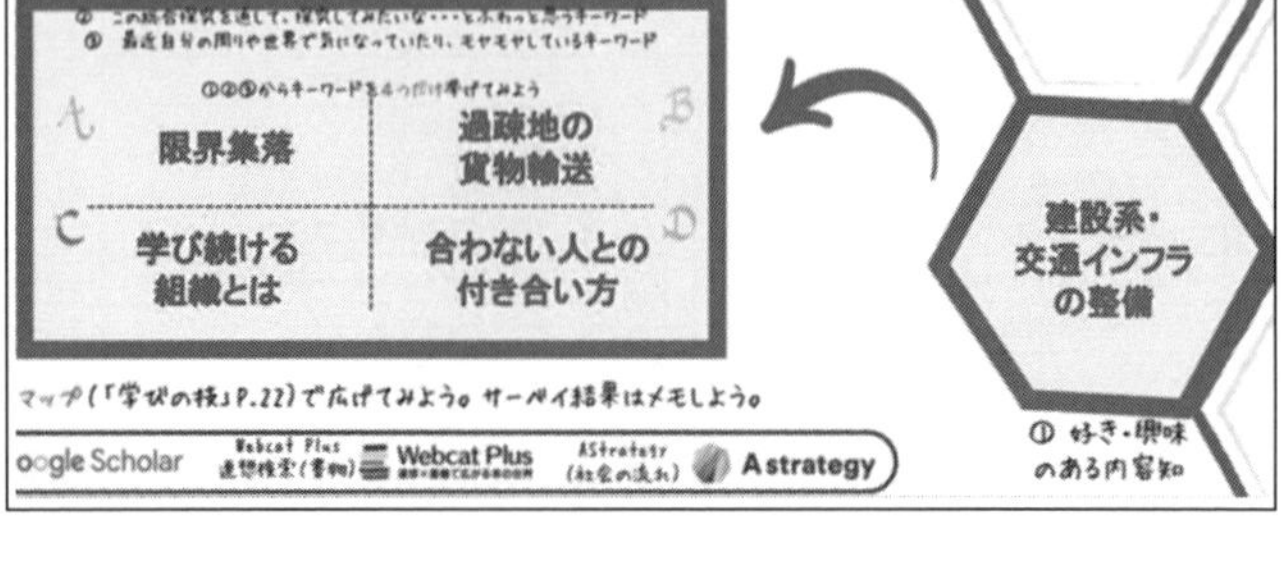

ことによってたくさんの新しい意見が出されるけれど、今回の授業みたいに一人で考える時間も大切だと思いました。自分の考えを発展させていくのは難しかったけど、自分がどのようなことに探究心をもっているのか新しく気づけてよかった」

　まず、方法知・内容知MAPに記入した「好き・興味のある内容知」と探究スキルの「好き・得意」な項目を「自分の強み」と称して記入したものを計画書に転記します。その「好き・興味のある内容知」を基に、総合探究を通して、探究してみたいと思うものだったり、自分のまわりや世界で気になっていることだったり、4つのキーワードをあげます。そのキーワードをマインドマップで広げます。マインドマップをはじめて書く生徒も多く、SHIBAURA探究の教科書『学びの技』を参考にしながら枝をどんどん広げます。

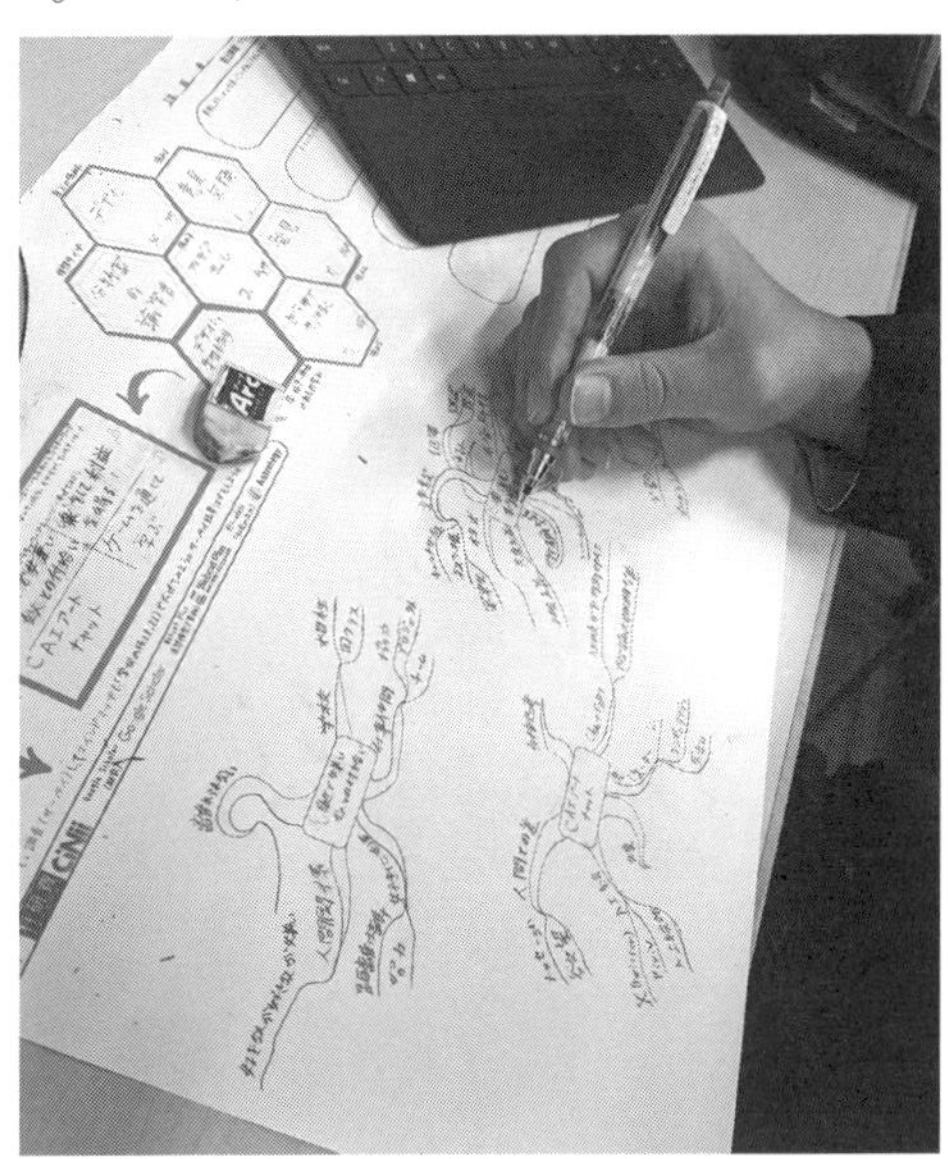

十分広げたら、探究テーマに絞っていきます。

次に生徒に提示したのは、Google が取り組んだ Project Guideline です。「だれもが自由に、思うままに走れる」という理想状態のために、スマートフォンと骨伝導イヤホンという身近にあるデバイスとセンサーを活用して、視覚障がいをもつ人がガイドなしで走ることのできる仕組みです。SHIBAURA 探究の「理工系の知識で社会課題を解決する」という理念に合致するプロジェクトを生徒たちが知ることを通して、探究計画書を書くイメージがわくと想定しました。実際、生徒はマインドマップよりも探究計画の方がすらすらと書けている様子でした。計画書のデザインや、生徒への提示の仕方、声をかける・かけないタイミングなど、改めて授業設計の大切さを感じる授業回でした。

③第7回「ファクトチェック」

この授業は、生徒がこれまで探究活動をしている中で、課題だと思っている部分を改善するための時間です。探究活動においても、情報収集はもっぱらインターネットによるところが多く、生徒はどうしても一次情報という目先の情報に飛びついてしまったり、一元的な情報から論拠を導き出したりしています。また、情報収集をしていても、欲している情報にたどりつけないことがあり、技術やその他の教科など様々な場面で情報活用能力を養ってきていますが、うまく活用できていない生徒もいます。ファクトチェックや情報リテラシーの講義をしている会社や団体などに依頼をすることも検討しましたが、これも計画書などと同様で、本当にやりたいことと合致するものは少なく、この授業も教員で知恵を出し合って設計しました。

ゴールは、メディアリテラシーを学び、チームの探究テーマの裏づけを行うこと、情報は意図をもって発信されていることや情報が発信される仕組みを理解し、情報源を適切に検証できるようになることです。ＮＨＫの動画教材を活用して、メディアリテラシーについて考えたり、自分が見たい情報だけがフィルターを通過して自分の検索結果に現れる「フィルターバブル」について知ったり、同じ情報から班のメンバーの受け取り方の違いを体感したりと、講義とワークを交えながら進行します。

「おすすめ欄が人によってそれぞれ違うので、これが世間一般のおすすめと勘違いしないことが大切で、複数の情報から信憑性のあるものを抜き取って物事を考えることが大切なのだと思った」といった生徒のふり返りが見られました。

④探究DAY

各班の探究活動を経て、いよいよ最終発表会である探究ＤＡＹです。スライド、ポスター、動画、模型、アプリなど様々なアウトプット形式を選択して、生徒が発表します。

「ゲームのメリットを活用して教育に取り入れるには　#ゲーミフィケーション　#義務教育　#楽しく」をテーマにした班は、授業にゲームを取り入れることのメリットを考えながら、桃太郎電鉄教育版を活用した授業を提案しました。探究する中で、授業の在り方について考えることで、「よい授業とはどのような授業なのか」という次の問いが生まれました。

「介護が必要な段階の人が一人で生活できそうな環境は何か　#ユニバーサルデザイン　#建築　#テクノロジー」がテーマの班は、１学期ＩＴで制作したスタイロフォームを用いて模型を製作し、ゲストの興味を惹きつけました。

はじめは海水温上昇をテーマに掲げた班は、鯉料理を広めることをゴールに決め、鯉食を広める自治

体にインタビューし、鯉料理屋で実食し、手軽に入手できない鯉をどのように入手するか画策し、学校の調理室で調理して友人に試食してもらうところまでたどりつき、「初恋は実らないが初鯉はうまい」というタイトルで発表しました。

勉強へのやる気を増進させるためにＶＲゴーグルを使用するアプリを作成したり、製造業での水の再利用問題を視覚的に捉えるために水槽を用いて模擬実験をしたりと、想定以上に多様なアウトプットが見られました。

「ゲストから質問されたことも、考えれば出るかもしれないようなものが多く、自分自身でもっと深く考える余地があると感じた。このアイデアでは解決できる限界を感じたた

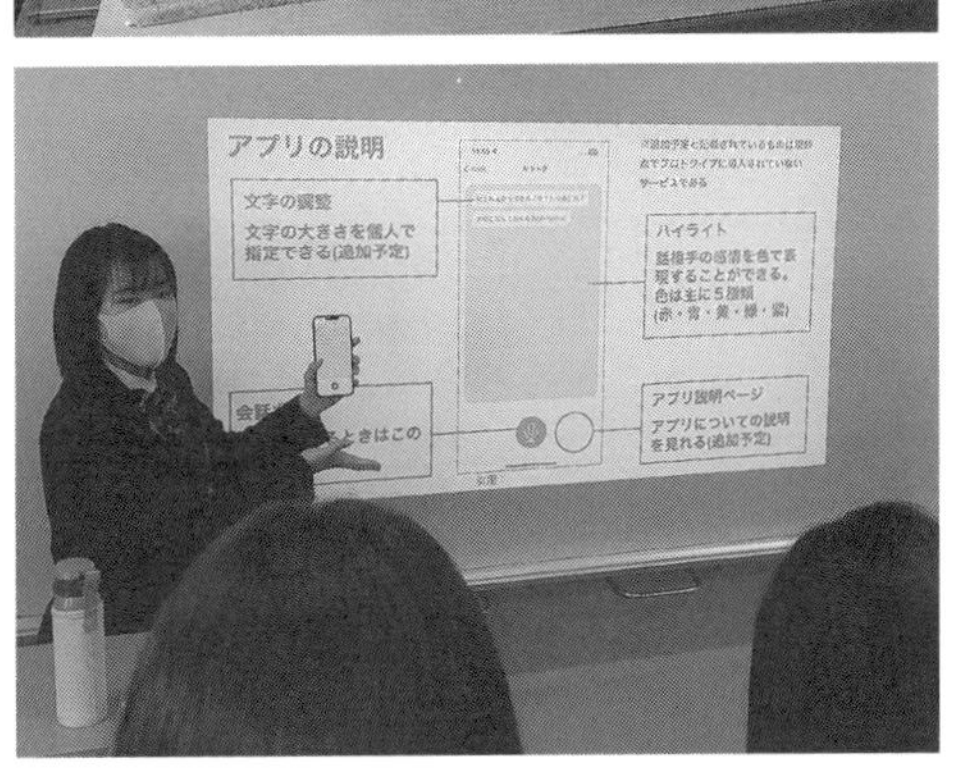

め多くのアイデアを複合することが重要であると感じた。全体的にクオリティを上げられると感じた」「結局まだまだ自分たちが見つけられていない問いがたくさんあるため、発表を聞いてくださった、特に大人から、痛いところを突かれる質問をされ、完璧な回答をできなかったので、発表準備ができた後に見返して、自分たちでその発表からさらに新しい問いを見いだせるようになると、よりよい発表ができそうだと感じた」「今まで僕らは、ただデータを読み解き、何も考えずに『こうすればいいんじゃないか』という実現可能性が低いものばかり提案してきたが、今回はじめて、ハッカソンのように短期間で社会課題に対しての解決策をプロトタイプで作成して、プロトタイプをつくる喜びを感じた。金銭面や、先行他社や実際にどう運用するかなども考え抜いてつくったので、学校を中退し会社を立ち上げて事業をやってもいいレベルまで達することができたと自負している」

ルーブリック評価も下表のようになり、総合探究で生徒たちが獲得したものは非常に大きかったということがわかります。

基準	S		A		B		C	
	実数	割合	実数	割合	実数	割合	実数	割合
姿勢（貢献）	44	29.5%	71	47.7%	27	18.1%	7	4.7%
思考（個人テーマ）	39	26.2%	80	53.7%	25	16.8%	5	3.4%
活動（探究）	42	28.2%	80	53.7%	22	14.8%	5	3.4%
表現（作品）	52	34.9%	67	45.0%	25	16.8%	5	3.4%

7章
グローバル探究のカリキュラムデザインの実際

海外教育旅行を通して日米を比較し、ポスター、動画にまとめよう

菅原　聡

1　グローバル探究の概要とねらい

①グローバル探究の概要

グローバル探究は、本校で30年以上の歴史がある中3海外教育旅行に、探究要素を加えた形で実施するプログラムです。まず、海外教育旅行がどのような学校行事なのかを紹介します。海外教育旅行は、以下の5つの目的を掲げています。

1　異文化体験を通して、国際理解と国際性を身につける
2　ホームステイ体験等を通じて、積極的に英語を話し、英語への関心を深める
3　責任ある行動を心がける中で、自律の精神を培い、自己を確立できるよう努力する

4　国や地域特有の社会課題に目を向け、それに携わる人々の取組みを学ぶ
5　生徒個々が問題意識をもち、それに根ざした探究課題の解決を目指した活動をする
探究学習がカリキュラムに組み込まれた２０２３年度３年生より、４と５の目的が追加され、英語学習と異文化体験に留まらず、より広い視野での体験学習を実現することを目指しています。

②海外教育旅行の具体的な内容

海外教育旅行は２学期はじめ（９月上旬）に３年生全員が参加してアメリカのシアトル、ソルトレイク、デンバー、セントジョージの４コース（２０２３年度）から希望するコースを選択し、２週間のホームステイを行う行事です。生徒は午前中に英語の授業ＥＳＬを受け、午後は様々なアクティビティを行います。ホームステイは２人ペアで宿泊します。

アクティビティは、名所を見学したり、地元の学校に訪問して交流会を行ったりします。ＥＳＬのない土日はホストファミリーと過ごすので、そこで有名な観光地を案内してくれたり、フットボールの試合を見に行ったりと、アメリカの生活を体験します。

このように海外教育旅行は英語を学ぶだけでなく、ホームステイやアクティビティを通じてアメリカの文化や産業、生活などに触れる中で異文化体験やアメリカ社会の理解を深める学習を行います。

③グローバル探究のねらい

グローバル探究のねらいは、個々の生徒が問題意識や独自の着眼点をもって海外教育旅行の中で様々な体験をすることにあります。

従来の海外教育旅行は、語学学習と異文化体験という要素が強く、ただ体験して帰国するという生徒が見られたので、事前の探究学習を通して、「見る目」を養ってから現地での体験を満喫することを意識してプログラムを設計しました。

2 グローバル探究のカリキュラム

①事前学習

グローバル探究のカリキュラムについて、事前学習、海外教育旅行中、事後学習に分けて説明します。

まず事前学習についてです。事前学習は浅草での校外学習、ポスター制作準備、テーマ別探究の事前調査の3つになります。

1つ目の校外学習は、5月に浅草周辺の散策を行いました。ホストファミリーに日本文化を伝えることを目的とした日本文化の体験・取材と英語で話すことにチャレンジする目的で、訪日外国人に英語インタビューを実施します。日本文化体験・取材は、浅草から合羽橋までの範囲で、一緒にホームステイをするペアで相談して体験・取材先を決めます。例えば、「日本のおしゃれな文化を学ぶためにトンボ玉製作体験に行く」「浅草寺参拝を通じて日本の宗教文化を学ぶ」「寄席に行って落語を聞く」「食品サンプルづくり体験をし、ホストファミリーへのお土産を自作する」など、それぞれのペアが考える日本文化を見つけ出して学びました。

訪日外国人への英語インタビューでは、「2人以上の訪日外国人に質問をすること」「5つの必須質問をすること」という2つのルールを設定しました。質問の5項目は「①どこから来ましたか」「②東京に何日滞在予定ですか」「③他にどんなところに行く予定ですか」「④ You は何しに日本へ」「⑤日本に来て驚いたことや感動したことはありますか。それはどんなことですか」です。声をかけるところから工夫してコミュニケーションを取ることを大切にしました。

2つ目のポスター制作準備は、文化祭で展示するポスターづくりのスタートとなる取組みです。アクティビティで行く場所の詳細や、気候、休日に訪ねるとおもしろそうな名所、現地で気をつけることやマナーなど、各ペアが興味をもったことや事前に知っておいた方がよいと思うことを調べ、Google スライドにまとめます。

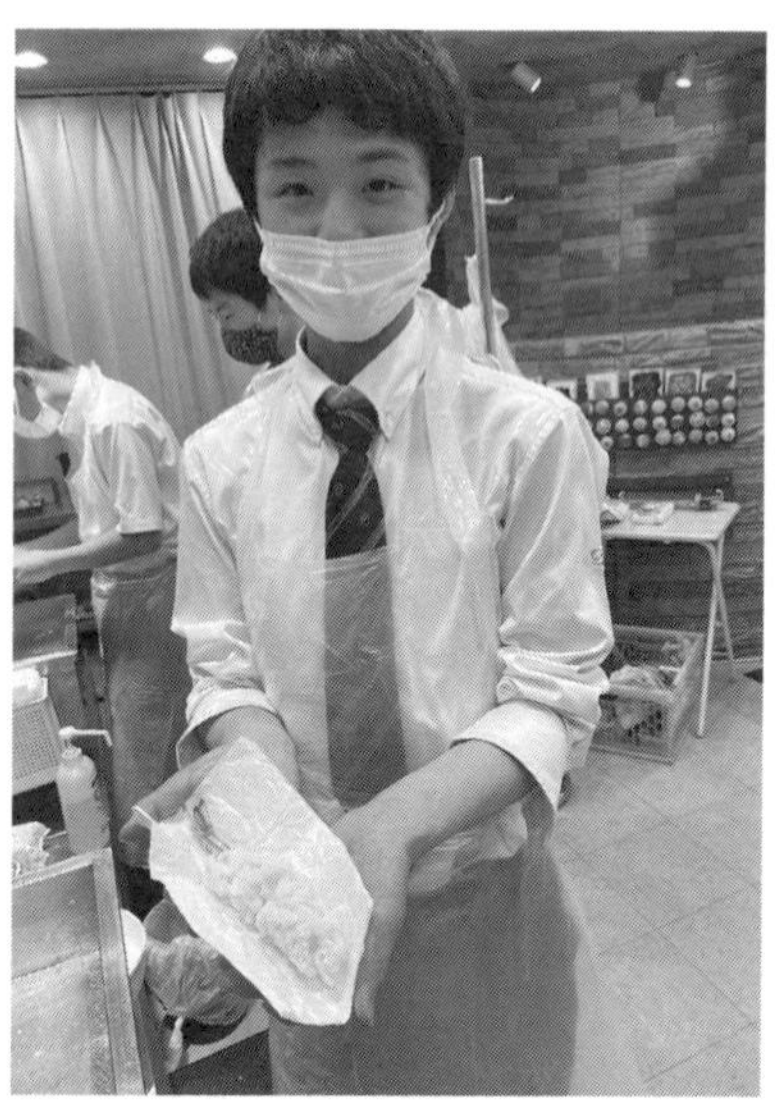

3つ目のテーマ別探究の事前調査は、各コースで探究テーマとそれに関する見学地を2つ設定されているので、そのどちらかを選択し、班を構成します。各コースの探究テーマと見学地は下表の通りです。

先に述べたように「個々の生徒が問題意識や独自の着眼点をもつ」ことがグローバル探究の大きな目的なので、テーマ別学習は、ただ調べるだけに留まらないように、各テーマで「日米比較を行うこと」という条件を課しました。

具体的には、ペアで見学地について調べる内容と、日本で類似する場所を見つけ、調べます。Jamboard上でブレインストーミングを行い「事前に調べること」を出し、そのうえで「事前に必ず調べないといけないこと」を選びます。そして「事前に必ず調べないといけないこと」を班で分担して夏休み中に調べたうえで現地に向かいます。特に、セントジョージコースでは、広尾のモルモン教の東京神殿に行き、教会

	プラン	テーマ
シアトル	Microsoft・Amazon	グローバル企業とスタートアップ
	ボーイング社	製造業
デンバー	May Farm	大規模農業
	日本領事館	移民
ソルトレイク	ケネコット銅鉱山	地球資源
	ステートフェア	観光文化・お祭り
セントジョージ	モルモン教と建築物	宗教
	ミルフォードで 再生エネルギー視察	エネルギー

内の施設見学をし、現地の教会との類似点と相違点の比較ができるような事前調査を行うことができました。

以上の3つの事前学習を行い、生徒独自の着眼点をもつこと、何を学ぶために海外教育旅行に行くのかという目的を明確にしました。

②海外教育旅行中の活動

海外教育旅行中には、テーマ別学習の見学地に行き、そこで体験や講演会を聞き、質疑応答を通して自分の深く知りたいことを見つける活動を行います。

③事後学習

事後学習は、ペアごとのポスター制作とコースごとの探究テーマに関する動画作成です。

ポスター制作は、事前調べ学習のまとめ、ホストファミリー紹介、アメリカに行ってわかったこと、印象に残ったアクティビティ、感想の5項目を1枚のポスターにまとめます。

このポスターは文化祭で展示し、来場者に投票をしてもらいました。

Hey girls!
と呼ばれた2週間

SGU・2班
組　番
組　番
組　番

1.ユタ工科大学

創立から100年以上の歴史があり生徒数12000人のうち80%がユタ州から来ているため、ネイティブな英語を話す人が多い。また、200以上のアカデミックコースがあり、周りが大自然に囲まれた広々としたキャンパスで勉強やスポーツをするのに最適だ。
徒歩圏内にスーパーやショッピングモールがある。

2.私たちのホストファミリー紹介

家
母　（看護師）
父　（救急隊員）
長女　（高3）
犬　ダニエル　ジーク　アナ

3.アメリカに行ってわかったこと。

①日本の水は主に雨が多く、ミネラル分が少ない軟水。アメリカの水は地下水がミネラルを多く含んでいるため硬水。普段飲んでいる軟水は口当たりが良いが、硬水は想像以上に口当たりが重く苦味を感じ慣れるのに時間がかかった。
②アメリカは16歳から車の免許をとることができる。広大な土地により移動手段は基本的に車しかないため、16歳からの運転が認められている。また州によっては14歳から運転も可能。ホストファミリーのエラ(17歳)も自分の車を持っていて、学校の登下校は車で行っているそう。私たちも何回か乗せてもらった。

4.印象に残ったアクティビティー

印象に残ったアクティビティーはリバートレッキングと中学校交流だ。リバートレッキングではkanaraville fallsというハイキングコースを登り、川の中を歩いて滝を見た。セントジョージは35° Cと気温は日本の夏と同じくらいですが乾燥しているので過ごしやすく、汗もほとんどかかなかった。

また川の水はとても冷たかった。中学校交流ではバディによって受ける授業が違うので中国語やスペイン語、音楽、英語数学、社会、宗教の授業などみんなが違う授業を受けたので話を聞くのが楽しかった。

5.感想

平日は午前中に英語研修、午後に街や教会の見学やフィールドワークをして夜はアメリカンフットボールを見た。休日は朝からパレードに参加したりショッピングやロデオを見に行った。一日一日がとても充実した二週間だった。ホームステイは特に特殊な経験で、アメリカ人の日常を体験できた。印象的なのは庭で鶏を飼っていたり親族同士で毎週のように会っていることだ。とても貴重な体験ができたと思う。とても楽しかった。

２つ目の動画作成は、テーマ別の探究テーマに関して、事前学習と実際に見学してわかったことをまとめ動画にして紹介します。事前学習で行ったブレインストーミングで出した項目を整理し、必要な情報を整理したうえで絵コンテをつくりながら動画の構成を考えます。注意点として、見学先の紹介動画にならないようにすること、伝えたい内容を具体的に設定すること、そして１人に作業の負担がかからないように全員で分担して作業すること、を伝えました。

絵コンテづくりから動画の撮影、編集を授業数で５時間だけ設定しました。完成した動画は、ニュース番組風、劇、YouTube のショート動画風など個性的なものが多かったです。

完成した動画は12月に動画発表会を開き、学

年全体で鑑賞しました。発表会では、海外教育旅行のコースごとに訪問先も探究テーマも異なるので、チームリーダーからテーマの内容や作成意図について簡単に説明してから視聴しました。「①内容を深く調べられている」「②日本との比較で新しい発見をしている」「③動画がおもしろい」の３観点で評価、投票を行いました。

生徒の感想を見ると、やはりテーマ別探究の現地見学が一番印象に残っているようでした。事前学習を通じてどのようなことを現地で学びたいかを明確にしたことで、意義ある見学ができたようです。その次に生徒の感想で多かったのは動画作成です。特に制限をかけず「２分間の動画をつくってみよう」という形を取ったことは、生徒にとって楽しい活動

となったようです。制限をかけず自由にした分、自分たちで脚本を書いてみたり、フリーのキャラクターボイスを使ったり、動画編集を通して、自分たちの伝えたいことをどのように伝えるかということへの学びも多かったように感じます。

3　グローバル探究の総括

グローバル探究が他の探究学習と最も違う点は、ＬＨＲの時間を使って、探究の授業を担当していない教員が授業を進めていく点にあります。探究ＩＴやＧＣの授業の進め方やファシリテーションの方法、生徒の活動や学びの見取り方、ツールのノウハウなどを学年の教員が知るよい機会になりました。

また、海外教育旅行と連動させて探究を進めるため、事前の打ち合わせが難しい、現地での見学やアレンジの調整が容易ではない、といった面があります。しかし、海外だからこそ学べることや新鮮さがあり、生徒の大きな成長が見られる探究学習になりました。

おわりに

総合的な学習の時間（後のSHIBAURA探究）をより充実した探究型学習にするための議論は、カリキュラム委員会でスタートしました。委員会の使命は、主に2つありました。1つは、学習指導要領の改訂に伴い、本校らしい中高のカリキュラムをつくること。もう1つは、中学の新たな探究をゼロベースからつくることでした。私は、教務部長として委員会をまとめていましたが、授業コマの配分などについての議論は活発になったものの、探究となると意外と議論が進まなかったことを覚えています。今回、まとめを書くにあたり、数年間分の議事録を読み返したところ、やはり探究に関しては議論がなかなか進んでいないことがわかりました。

委員会では、中学のカリキュラムも大幅に変更することになりました。どのような力を育てたいか、どのように育てたいかを重視し、「いかなることに対しても解決できる総合力を育てる」ことが大きな目標となりました。その結果、本校独特の中学カリキュラムが完成することになります。国語・数学・英語・理科・社会はすべての学年で各4時間、自習時間が、中学1年・2年生は2時間、中学3年生は3時間、SHIBAURA 探究の時間（総合的な学習の時間）は各学年2時間とし、公立中学校より多くなりました。そして、SHIBAURA 探究がハブとなり、全教科が横断的に協力して総合力を育てることになりました。そこで最も重要になったのが、ハブと位置づけた探究でした。

さて、ハブとなる探究をどのようにするか。先ほど述べましたが、議論をしてもなかなかまとまらない状況でした。そこで、大枠が少しできたところで、斎藤貢市教頭、岩田亮教諭、金森千春教諭の3人に今後の探究の検討を任せることになりました。3人にしてみれば、責任を押し受けられた状況になったと思います

こうして、SHIBAURA 探究が誕生することになり、

【理工系の知識（テクノロジー）で社会課題を解決する】
だれかのための「新しい」を創る能力を養う　IT（Information Technology）
多様さを理解し、世界で活躍できる力をつける学び　GC（Global Communication）

と掲げ、日々生徒と探究をすることになります。

探究の指導内容は、3人の考えた案がベースになっています。現在は、3人を中心に約30人の先生が関り、改良しながら探究を展開しています。

さて、この本を読んでいただいた皆様、ありがとうございました。少しでも参考になったことがあれば幸いです。

GCの「TOYOASOBI」「KOKOJIMAN」「EDOMONO」と聞いていかがでしたか。親しみがあり、受け入れやすく、説明がなくても何がしたいかわかる気がしませんか。生徒に興味をもたせるためには、ネーミングも重要です。ネーミングに困ったら、金森千春教諭に連絡してください。最高のネーミングを考えてくれると思います。

そして、ITは、「アポロ13号」の映画を見ることからすべてが始まります。何がしたいのか、何を求めているか、その思いを伝える岩田亮教諭の究極の一手です。ぜひ皆様も「アポロ13号」の映画を見てください。

最後になりましたが、SHIBAURA 探究がスタートしてから今日まで指導をしていただいた東北学院大学の稲垣忠教授、芝浦工業大学の教職員の皆様には、心より感謝申し上げます。ありがとうございました。

2024年6月

芝浦工業大附属中学高等学校　学校長　柴田邦夫

【執筆者一覧】

稲垣　　忠（東北学院大学文学部教育学科教授）

柴田　邦夫（芝浦工業大学附属中学高等学校校長）
斎藤　貢市（芝浦工業大学附属中学高等学校教頭）
金森　千春（芝浦工業大学附属中学高等学校教諭）
岩田　　亮（芝浦工業大学附属中学高等学校教諭）
小川賢一郎（芝浦工業大学附属中学高等学校教諭）
金井　佑樹（芝浦工業大学附属中学高等学校教諭）
菅原　　聡（芝浦工業大学附属中学高等学校教諭）
關沢　千穂（芝浦工業大学附属中学高等学校教諭）
山川　翔馬（芝浦工業大学附属中学高等学校教諭）
横山　浩司（芝浦工業大学附属中学高等学校教諭）

【編著者紹介】

芝浦工業大学附属中学高等学校
（しばうらこうぎょうだいがくふぞくちゅうがくこうとうがっこう）

1922年に旧国鉄で働く若者達に中等教育の機会を提供したいという思いから，前身の東京鐵道中学が開校。校名変更と移転を経て，2017年に豊洲に移転し，現在の校名となる。100年の歴史において，一貫して「社会に貢献する人材」を「産業界の現場に」送り出すことを第一義に教育を行う。
また，「授業第一主義」を掲げ，生徒たちが効果的に勉強を進めていけるよう常に授業研究に取り組む。一方で，学習は「教わる」ものではなく「自ら学び進める」ものという考えのもと，中学課程で「SD（自立学習）」という「いま，自分にとって何を学習すべきか（何をすべきか）」を考え，自ら計画を立てて取り組む授業を設置する。SHIBAURA 探究と合わせて特色ある教育活動を展開する。

SHIBAURA 探究サイト
（https://sites.google.com/shibaurafzk.com/shibatan2024）

ＰＢＬのカリキュラムデザイン

2024年8月初版第1刷刊 ©編著者 芝浦工業大学附属中学高等学校
発行者 藤原光政
発行所 明治図書出版株式会社
http://www.meijitosho.co.jp
（企画）矢口郁雄（校正）安藤龍郎
〒114-0023 東京都北区滝野川7-46-1
振替00160-5-151318 電話03(5907)6701
ご注文窓口 電話03(5907)6668
＊検印省略 組版所 株式会社カシヨ

Printed in Japan ISBN978-4-18-378927-3